Buddhismus

Ernst Klett Schulbuchverlag Leipzig
Leipzig Stuttgart Düsseldorf

Impressum

Autoren:

Dr. Kabita Rump

Prof. Dr. Dr. Peter Antes
Manfred Pöpperl

Dieses Heft folgt der reformierten Rechtschreibung, soweit dem nicht Einsprüche von Autoren und Verlagen entgegenstehen.

9 783126 911917

1. Auflage A 1 5 4 3 2 1 | 2006 2005 2004 2003 2002

Alle Drucke dieser Auflage können im Unterricht nebeneinander benutzt werden, sie sind untereinander unverändert. Die letzte Zahl bezeichnet das Jahr dieses Druckes.

Internetadresse: http://www.klett-verlag.de

Umschlaggestaltung: TOUMAart Leipzig
Druck: Konradin Druck GmbH

ISBN: 3-12-691191-9

Inhaltsverzeichnis

Vorwort

Hinduismus, Buddhismus, Judentum, Christentum und Islam – die Welt der Religionen ist vielfältig. Bereits für die großen Weltreligionen lässt sich keine genaue Zahl nennen, die Frage ist umstritten, ob es die hier aufgezählten fünf Religionen sind oder ob man noch andere nennen müsste wie z. B. die Religion der Parsen/Zoroastrier, der Sikh oder der Bahai. Zählt man noch die anderen Religionen wie etwa die Stammesreligionen, die Religionen der Indianer oder die sogenannten neuen Religionen und religiösen Bewegungen hinzu, so kann niemand mehr sagen, wieviele Religionen es weltweit gibt bzw. gegeben hat. Religionen kommen und gehen, nur wenige haben Jahrhunderte bzw. Jahrtausende überdauert. Dennoch haben sie alle das Denken und Handeln ihrer Anhänger sehr entscheidend geprägt und tun dies bis heute. Nach wie vor haben die großen Religionen der Welt einen bedeutenden Einfluss nicht nur auf ihre Anhänger, sondern sie haben sogar ganze Kulturkreise geprägt. Unabhängig, ob wir selbst einer dieser Religionen angehören und uns durch sie haben prägen lassen oder nicht, ist ihr Einfluss in allen Kulturkreisen spürbar. Von daher ist es unerlässlich, dass wir uns zumindest über die großen Weltreligionen informieren und uns mit ihnen auseinandersetzen. Diesem Zweck soll die Reihe »THEMA WELTRELIGIONEN« dienen.

Im Hinblick auf den weltanschaulich neutralen Ansatz des Ethikunterrichtes soll dabei weder Werbung für eine der Religionen betrieben noch die Kritik an ihr in den Mittelpunkt gestellt werden. Vielmehr soll sachlich informiert und dadurch ein Gespräch mit den Anhängern dieser Religionen ermöglicht werden. Zu einer sachlichen Darstellung gehört es, dass man die Religion durch ihre Vertreter selbst zu Wort kommen lässt, die Begründungen und Positionen der Religion zur Kenntnis nimmt und nicht vorschnell von außen urteilt und aburteilt. Um dies zu gewährleisten, stammen viele Texte in den Heften von Menschen der jeweiligen Religionen selbst, andere Texte sind von außenstehenden Fachleuten geschrieben worden, die Entwicklungen oder Erscheinungsformen der jeweiligen Religion besonders gut beschreiben oder neue Gesichtspunkte einbringen, die für die Diskussion wichtig sind. Ziel ist es deutlich zu machen, dass die Denkvorstellungen und Handlungsanweisungen der einzelnen Religionen in sich logisch, nachvollziehbar und verständlich sind, wenn man die Grundvoraussetzungen, von denen die jeweilige Religion ausgeht, akzeptiert hat. So wird deutlich, dass nicht alles, was unserem Denken widerspricht oder von dem abweicht, was wir selbst für selbstverständlich halten, unlogisch oder unvernünftig ist, sondern durchaus nachvollziehbar wird, sobald man sich auf fremdes Denken einlässt. Dies soll hier eingeübt werden, um das Denken und Handeln anderer Menschen und Völker nachvollziehen und verstehen zu können. Die moderne Rede vom religiösen Fundamentalismus weist darauf hin, dass diese Denkunterschiede Konsequenzen bis in den politischen Alltag hinein haben und das Zusammenleben der Menschen erschweren bzw. – im umgekehrten Falle – auch erleichtern und fördern können.

Um Vergleiche zwischen den einzelnen Religionen zu ermöglichen und zu erleichtern, haben alle Hefte der Reihe »THEMA WELTRELIGIONEN« weitgehend einen parallelen Aufbau. Nach einem Einführungskapitel, das einige Schlaglichter auf die betreffende Religion zu werfen versucht, folgt im 2. Kapitel eine ausführliche religionskundliche Darstellung, in der die Verbreitung, das Erscheinungsbild, die Feste und Riten, die Entstehung, die Geschichte und die Grundpositionen der Religion vorgestellt werden. Das 3. Kapitel fragt sodann nach der ethischen Lehre der Religion und ihrem Beitrag zu den drängendsten Fragen der Menschheit: Lebensgestaltung, Zusammenleben, Sorge für die Umwelt, Krieg und Frieden. Das 4. Kapitel stellt besondere Aktivitäten, Ausstrahlungen und Probleme der jeweiligen Religion heraus. Das letzte Kapitel konzentriert sich auf die Rolle und Bedeutung der jeweiligen Religion in Europa und insbesondere in Deutschland, um deren unmittelbare Relevanz für unser Zusammenleben mit Menschen verschiedenen Glaubens anzusprechen.

Alle, die an der Erstellung der einzelnen Hefte mitgewirkt haben, verbinden mit ihrer Darstellung die Hoffnung, in gleicher Weise zum besseren Verständnis der großen Weltreligionen und ihrer weltweiten Bedeutung wie zum besseren Verstehen zwischen Menschen unterschiedlicher Religion und Kultur in Deutschland beizutragen. Dies heißt konkret, dass sowohl globale Zusammenhänge wie lokale Gegebenheiten in den Blick kommen und auf diese Weise alle Jugendlichen, die diese Hefte benutzen, ebenso auf Begegnungen mit Menschen in anderen Ländern wie auf zukünftige Weisen des Zusammenlebens in einem immer pluralistischer werdenden Deutschland vorbereitet werden.

Peter Antes

Etwas vornweg ...

Der Buddha hält seine erste Predigt in Benares. Das Rad im Sockel symbolisiert das Rad der Lehre (dharmacakra), das der Buddha hier im Gazellenpark in Bewegung setzt. Neben dem Rad sitzen zwei Gazellen sowie die fünf ersten Schüler des Buddha. Links neben den Mönchen sehen wir die Stifterin der Skulptur.
5. Jahrhundert n. Chr., Sarnath bei Benares, Indien

Buddhismus als sterile Religion, die keine emotionalen Äußerungen ihrer Gläubigen zulässt – dieses Bild existiert noch immer, ist aber eine vor allem intellektuelle Auffassung, die nicht der Wirklichkeit entspricht. Der Buddhismus präsentiert sich genauso großzügig und mitfühlend wie alle anderen Weltreligionen. In ihm können sich alle geborgen fühlen: ein »Desillusionierter«, der in sich und seiner Umwelt vor allem »Leere« (shunya) empfindet, ebenso wie ein emotionaler Mensch, der Gott lieben möchte.

Ein Mythos ist auch die absolute Gewaltlosigkeit der Buddhisten. Führt man sich Geschichte und Gegenwart der buddhistischen Länder Asiens vor Augen, findet man nicht selten pragmatisch handelnde Buddhisten – trotz aller Betonung strikter Gewaltlosigkeit. Dennoch war die Verbreitung des Buddhismus durch indische und nicht-indische Mönche in der Regel gewaltfrei, wobei die Mönche auf die Unterstützung der Könige und Aristokraten großen Wert legten. Schon zu Buddhas Lebzeiten spielte die Politik eine wichtige Rolle im Buddhismus. Ohne die Unterstützung der Könige und Kaufleute hätte der Buddhismus nicht im beobachteten Maße erfolgreich sein können. Auch heute bemühen sich die Mönche um politische und wirtschaftliche Unterstützung. Diese sind für den Buddhismus überlebenswichtig, denn der Orden, der im Kern dieser Religion lebt, darf nicht produzieren, benötigt aber Unterkunft, Kleidung und Lebensmittel. Ein weiterer wichtiger Punkt ist die Vielfalt des Buddhismus ohne Aufgabe seiner Grundpositionen. Kein Volk musste seine kulturelle Identität aufgeben, um zum Buddhismus zu konvertieren. Kein Land musste seine eigenen Götter und Rituale gegen fremde Götter und fremde Rituale – in diesem Fall wären es dann indische Götter und indische Rituale – tauschen. Landesspezifische Sitten und traditionelle religiöse Bräuche blieben erhalten, obwohl die Bürger zu einer fremden Religion übertraten. Dies machte die fremde Religion einheimisch. Ferner ermöglicht es die tolerante Haltung des Buddhismus, dass die verschiedenen Richtungen dieser Religion einander mit Respekt und Verständnis begegnen. Alle Richtungen des Buddhismus berufen sich auf den Buddha und seine Lehre, wobei jede seine Lehre nach eigenem Verständnis auslegt.

Die ältesten buddhistischen Schriften sind in Indien verfasst worden. Man verwendete hierfür hauptsächlich Sanskrit und die daraus entstammenden Prakrit und Pali. So geschah es, dass derselbe Begriff in verschiedenen Sprachen verschieden buchstabiert wurde. Nachfolgend einige Beispiele:

- *Welche Vorstellungen verbinden Sie mit dem Buddhismus?*
- *Können Sie sich vorstellen, dass andere Religionen ähnlich mit anderen Religionen umgehen?*

	Sanskrit	Pali
Lehre	Dharma	Dhamma
Tat	Karma	Kamma
Erlösung	Nirvana	Nibbana
Lehre der Ordensältesten	Sthaviravada	Theravada

I. Eine erste Begegnung

Wallfahrt zur heiligen Fußspur Buddhas

Wir wollen den Aufstieg so früh wie möglich beginnen. Der Wirt schüttelt den Kopf. »Das geht nicht«, behauptet er, »den Weg zum Sri Padai, zum Fußabdruck der Herrn, muss man bei Nacht gehen. Alle Pilger gehen bei Nacht hinauf.« […]

Die Pilgerroute am Adam's Peak ist seit Jahren elektrisch illuminiert. Die Pilger brauchen den »heiligsten Berg der Welt, der von einer Milliarde Menschen verehrt wird«, nicht mehr mit Fackeln zu ersteigen. Sir John Kotelawala, vormals Minister of Transport and Works, hat die Glühbirnen in Erfüllung eines dem Berggott Saman gemachten Gelöbnisses installieren lassen. […]

Dalhousie ist ein kleines Dorf am Fuße des Adam's Peak und Endstation für alle Fahrzeuge. Von hier müssen die Pilger zu Fuß gehen. Acht Meilen sind es bis zum Gipfel – 13 Kilometer! Wir lassen unser Gepäck im Büro der Omnibusverwaltung und machen uns auf den Weg. […]

Ein Mönch nimmt sich unser an, ein gelbgewandeter Bhikkhu. Er zeigt auf einen kleinen Pavillon, der die Spitze des Felsens ziert und von oben bis unten mit Silberbronze bemalt ist. »Sri Padai – dort!« sagt er.

Die Sonne ist untergegangen; es wird dunkel und kalt. Die Nacht füllt Täler und Schluchten, sie kriecht über Wipfel und Zinnen und kommt mit dem Nebel nach oben. Am Fuße des Berges rumort es. Die Pfade beleben sich, Lichtkegel geistern über das Blätterdach des Urwalds, hin und wieder kommt ein beschwörender Ruf aus der Tiefe: »Sadhu, Sadhu!« Die Pilger sind im Anmarsch. Sie kommen auf nackten Sohlen, sie klettern wie Bergziegen und Eichkatzen, sie scheuen weder Beschwerden noch Bürden, sie mühen und placken sich, sie sind der Verheißung verfallen, »Verdienst« ist ihr einziges Ziel. [...]

Gegen Mitternacht kommen die Pilger zu Dutzenden, zu Hunderten. Sie ziehen sich erschöpft die letzten Treppen empor; ihre Augen leuchten, sie strahlen vor Glück. Eine ungeheure Erregung hat sich der Gläubigen bemächtigt. Fasziniert starren sie nach oben; sie halten ihre Kinder hoch, sie zeigen mit den Händen auf das greifbare Ziel. Der Gipfel des Berges ist taghell erleuchtet – ein Fanal der Verheißung in pechschwarzer Nacht. Die geschundenen, geplagten Menschen brechen in frenetischen Jubel aus; Verzückung verzerrt ihre Züge – »Sadhu, Sadhu, Sah!« Selbst Kinder und greise Frauen sind unter den Wallfahrern. Jeder müht sich, jeder hilft jedem, ob Hindu, Buddhist, Christ oder Moslem. Einige der Pilger schleppen sich mit beachtlichen Lasten ab. Sie bringen Nahrungsmittel für die Mönche und Blumen für Buddha und Shiva. Die Glocken am Ende der Treppe kommen nicht mehr zur Ruhe. Jeder, der den heiligen Berg erklommen hat, schwingt feierlich den Klöppel. Wer schon zum zweiten oder dritten Mal hier oben ist, darf zwei- und dreimal läuten. Ein alter Mann steht weinend unter dem dröhnenden Erz, dann tut er das Unglaubliche kund: Siebzehnmal war er hier oben. Die Pilger brechen in Jubel aus. In allen Stimmen liegt Triumph. [...] Buddham Saranam gachami (Ich nehme Zuflucht zu Buddha!).

Im Osten lichtet sich der Himmel. Es dämmert. »In zehn oder fünfzehn Minuten«, so geht es flüsternd durch die Reihen, »wird die Sonne aufgehen.« Die Pilger drängen sich ihr entgegen. Sie versammeln sich am Rand und auf den Treppen des Plateaus. Sie zittern vor Kälte, sie sind blaugefroren, aber ihre Züge spiegeln Glück und Zufriedenheit wider: Sie haben Buddha und Shiva ihre Referenz erwiesen, sie haben unauslöschliches »Verdienst« erworben, jetzt brauchen sie nur noch die Sonne abzuwarten. In zehn Minuten wird es soweit sein.

Die Berge am Horizont nehmen Konturen an, Bible Rock wird grau, dann grün. In den Tälern wallen Nebel, Dunst liegt über den Wäldern. Der Himmel wird heller, der Horizont rötet sich. Keiner der Pilger sitzt mehr; sie stehen und starren ins Feuer des Firmaments. Ein Strahlenbündel zuckt hoch – und da ist sie auch schon, die glühende Kugel: Surya, der Sonnengott! Ein Schrei der Verzückung, der Anbetung, der bedingungslosen Hingabe lässt die Luft erzittern. »Sadhu, Sadhu, Sah!«

Alle Hände recken sich der Sonne entgegen, die Augen sind aufgerissen, die Lippen murmeln Gebete, die Glocken gellen schrill. Nach einigen Minuten wenden sich die Pilger ab. Sie eilen zum westlichen Rand des Plateaus. Grauer Nebel liegt dort, der Dunst des Morgens ebnet Berge und Täler ein, aber jetzt – ist da nicht ein großer Schatten, eine mächtige, langgestreckte Pyramide, zu sehen? Die Konturen werden klarer, eine Zauberhand zeichnet zwei schnurgerade Katheten auf den Nebel im Tal: das magische Dreieck des Adam's Peak, die geheimnisvolle Silhouette der Welt. Die Pilger jubeln; sie blicken verzückt auf das Phänomen, sie beten es an, doch der Schatten verflüchtigt sich. Aus dem Zwielicht ist ein neuer Tag geworden. Ein Tag in einem Land voller Wunder und Heiligtümer, in einem Land, wo Götter und Dämonen ihre Heimstatt haben, wo der Rhythmus des Mondes das Leben der Menschen bestimmt, wo das Paradies so nahe ist, dass sich niemand mit seinem Verlust abfinden kann, wo jedermann vom Vergangenen träumt.

Max Mohl

- *Versuchen Sie die Empfindungen zu beschreiben, die die Pilger angesichts der verschiedenen Phänomene am Adam's Peak erleben.*
- *Gibt es in anderen Religionen ähnliche Wallfahrtserfahrungen?*

Adamspik: Name eines Berges auf Sri Lanka, der sich zu 2260 m (2243 m) Höhe erhebt und von den Singhalesen Samanala Kand (›Berg des Gottes Saman‹) genannt wird. Auf der 21 m langen und 10 m breiten Fläche seines kahlen Gipfels befindet sich ein kleiner Tempel, unter dem eine 1,45 m lange und 0,5 m breite Vertiefung die rohe Form einer riesigen Fußspur hat, welche die Buddhisten Sripâda (›Fußstapfe des Glücks‹) nennen und für die Fußmarke ihres Religionsstifters halten.

II. Nähere Betrachtung

1. Erscheinungsbild

Entspricht der Buddhismus im hier beschriebenen Sinne Ihrem Verständnis von »Religion?«

Hinführende Erläuterungen

Der Buddhismus wird von den Buddhisten selbst Buddha-dharma – die Lehre Buddhas – genannt. Der Buddhist nimmt Zuflucht zum Buddha, zu seiner Lehre (dharma) und seinem Orden (sangha). Der Sammelbegriff für diese drei Einheiten heißt »drei Juwelen« (triratna). Der Buddha offenbarte keine Wahrheiten, die er von einem höheren Wesen, dem er untergeordnet war, z. B. Gott, empfing. Er arbeitete auch nicht im Auftrag eines höheren Wesens, wie etwa die Propheten einiger Religionen im Auftrag Gottes arbeiten. Der Buddha empfand das Leben als Leiden; er suchte nach einem Weg, der dieses Leiden beenden könnte; und er hatte Erfolg; er fand einen Weg, der den Kreislauf der Wiedergeburten zu beenden versprach. Er lehrte seine Anschauung und seinen Weg, denn er war überzeugt, dass seine Anschauung über das Leben schlüssig und sein Weg begehbar wäre. Halten wir fest: Der Buddha kam aus eigenem Antrieb zu einer Anschauung und fand selbstständig einen Weg. Die Lehre des Buddha besteht aus dieser Anschauung und diesem Weg. Die Anwendung der Lehre ist stets eine individuelle Angelegenheit, wobei man sich von den heiligen Schriften und Mönchen Hilfe holen darf. Die Lehre kann mit einem Buch verglichen werden, mit dessen Hilfe man experimentiert. Dieser Ausgangspunkt verleiht dem Gläubigen Selbstverantwortung und stärkt seinen Geist. Allerdings waren, wie die Geschichte gezeigt hat, nur wenige stark genug, so vollkommen auf sich selbst gestellt zu bleiben und auf ein höheres Wesen zu verzichten. Der Buddhismus kam diesen nicht so starken Anhängern entgegen und bot ihnen rechtzeitig Götter und Bodhisattvas an. Dennoch ist die Selbstverantwortung eine der Grundpositionen geblieben, wie die Theorie des Karma beweist. Religion heißt für die Buddhisten, die Lehre zu verstehen und zu praktizieren. Dieses Verstehen und Praktizieren führen zum Ziel, nämlich der Beendigung des Leidens. Der Sinngehalt der Religion besteht darin, dass man diesen Endpunkt erreicht.

Ein Mönch des Klosters Rama-Vihara-Arama in Banjur, Bali

Der Buddhismus kennt keinen Gott im christlichen Sinne. Er akzeptiert jedoch die vorhandenen Götter und Halbgötter und ordnet diese dem Buddha unter. Es kommt in der Regel nicht vor, dass ein gläubiger Christ einem Gott einer anderen Religion ein Opfer bringt, es ist jedoch selbstverständlich, dass die Buddhisten in verschiedenen Ländern ihre alten Götter weiterhin verehren. Ein vietnamesischer Buddhist vollzieht traditionelles Ritual für seine Ahnen und ein ceylonesischer Buddhist verehrt eine einheimische Gottheit. Die Buddhisten sehen hierin keine Blasphemie, denn keiner von den beiden nimmt Zuflucht zu einem anderen außer zu den »drei Juwelen«: dem Buddha, seiner Lehre und dem buddhistischen Orden. Allein diese Zufluchtnahme, dieses Bekenntnis entscheidet, ob jemand ein Buddhist ist oder nicht. Durch die Ahnen- oder Götterverehrung werden die »drei Juwelen« nicht berührt oder beschmutzt. Die viel zitierte Vielfalt des Buddhismus beruht häufig nur auf den Bräuchen einzelner Länder. Der Kern des Buddhismus, der aus den drei Juwelen besteht, bildet eine feste Struktur, der überall befolgt wird.

Nennenswerte Länder, in denen der Buddhismus praktiziert wird, sind: Bhutan, Burma, China, einige indische Bundesstaaten im Himalaya, Indonesien – hier: Bali, Japan, Kambodscha, Korea, Laos, Nepal, Sri Lanka, Thailand, Tibet und Vietnam. Es gibt auch Anhänger des Buddhismus im Westen.

Stupa 1 in Sanchi, Indien, ca. 2.–1. Jahrhundert v. Chr.

Der Stupa

Das buddhistische Denkmal par excellence ist der Reliquien-Stupa, dessen Ursprungsform als Grabtumulus seine glockenförmige Gestalt bewahrt. Solche Stupas sollen nach dem Tod des Buddha errichtet worden sein, um den Gebeinen des Religionsstifters eine würdige Stätte zu geben. Später wurde der Stupa zum Kultmal. Er fand seinen Platz in der Apsis großer Kulthallen oder wurde als Freibau errichtet. Als solcher ist der Stupa das wichtigste buddhistische Bauwerk überhaupt, in seinen verschiedenen Abwandlungen noch heute das monumentale Wahrzeichen aller buddhistischen Länder.

Herbert Härtel/Jeannine Auboyer

Das Buddhabild

siehe Bild Seite 28

Der Buddha wird in der archaischen Periode noch nicht in menschlicher Gestalt, sondern durch Symbole dargestellt, etwa durch einen Thron, einen Schirm, zwei Fußspuren, einen Wandelgang (cankrama) und dergleichen. Auch ganze Szenen der Buddha-Legende haben in dieser Zeit symbolischen Ausdruck gefunden. So wird die Erleuchtung durch einen Baum und einen darunter stehenden Steinthron symbolisiert, die erste Predigt durch ein Rad und einen leeren Thron. Erst um die Zeitwende löst man sich von dem Tabu und stellt den Buddha in Menschengestalt dar.

Herbert Härtel/Jeannine Auboyer

Bibliothek im tibetischen Stil. Die Handschriften werden in Tücher gewickelt, zwischen zwei Bretter gelegt und in Fächern aufbewahrt.

Heilige Schriften

Der Buddha hat keine Schriften hinterlassen. Bald nach seinem Tod trafen sich die Mönche zu einem Konzil in Rajagriha (heute im Bundesstaat Bihar, Indien), um seine Lehre festzuhalten. Dies war das erste buddhistische Konzil. Hier entstanden das Vinaya-pitaka und das Sutra-pitaka. Das Vinaya-pitaka enthält die Ordensregeln, das Sutra-pitaka die Lehrreden. Das Abhidharma-pitaka, das die metaphysischen Dogmen enthält, ist eine spätere scholastische Entwicklung. Die Sammlung wird Tripitaka – drei Körbe – genannt und bildet den Kanon des Theravada. Dieser Kanon wurde zunächst mündlich überliefert, bis er im 1. Jahrhundert in Sri Lanka schriftlich festgehalten wurde. Die Sprache dieses Kanons ist Pali, eine alte indische Sprache, die aus dem Sanskrit entstand. Da die Mönche in Sri Lanka den Kanon nicht in ihre Sprache übersetzt haben, ist Pali bis heute noch die heilige Sprache dieser Richtung geblieben.
Auch in China sammelten die Mönche die heiligen Schriften in drei Teilen und nannten sie San-ts'ang – drei Sammlungen – sowie Ta-ts'ang Ching – große Sammlung der Schriften. Der chinesische Kanon wurde auch in Korea und Japan anerkannt. Da China dem Mahayana folgt, hat der chinesische Kanon wenig Gemeinsamkeiten mit dem Kanon des Theravada. In China wurden die Originaltexte, die aus Indien, Zentralasien und Tibet importiert wurden, ins Chinesische übersetzt.

In Tibet wurden die heiligen Schriften in zwei Teilen – Kanjur und Tanjur – gesammelt. Der tibetische Kanon, der zum Mahayana gehört, unterscheidet sich sowohl vom Theravada-Kanon als auch vom chinesischen Kanon. Wie die Chinesen übersetzten die Tibeter die heiligen Schriften aus Indien in ihre Muttersprache.
Neben dem Kanon kennt jedes buddhistische Land zahlreiche andere heiligen Schriften, die zum Teil Übersetzungen der indischen Texte sind.

Sangha – der Orden

Der Sangha – der Orden – ist ein Bettelorden und bildet von Anfang an den Kern der buddhistischen Gemeinde. Der Nonnenorden ist dem Mönchsorden untergeordnet. Jeder, der kein Verbrechen begangen hat und nicht unter einer ansteckenden Krankheit leidet, darf in den Orden eintreten. Der Eintritt bindet einen Menschen nicht für den Rest seines Lebens. Man darf in den Laienstand zurückkehren. Ein Junge darf frühestens in seinem achten Lebensjahr und ein Mädchen erst mit zwanzig Jahren in den Orden eintreten. Für Mädchen unter zwanzig Jahren und Frauen, welche länger als zwölf Jahre verheiratet sind, ist eine zweijährige Bewährungsfrist vorgesehen. Die heiligen Schriften enthalten für Mönche 220 und für Nonnen 500 Regeln. Die Bestimmungen verlangen von den Nonnen eine viel strengere Disziplin als von den Mönchen.
Ein Mönch darf nichts besitzen und keinen gewinnbringenden Beruf ausüben. Er wird von den Laien mit Unterkunft, Kleidung, Nahrung und Arznei versorgt. Seine Gewänder sind gelb bis rötlich. Ein Mönch soll sein Essen durch den Bettelgang erwerben. Er darf jedoch Einladungen der Laien annehmen. Ursprünglich sollten die Mönche nicht an einem festen Ort wohnen. Sie sollten auch unter freiem Himmel, in den Bergen und Wäldern leben. Doch schon zu Lebzeiten des Buddha schenkten Laien ihm und seinem Orden Klöster (vihara). Mit der Zeit wurden die Klöster zum festen Bestandteil des Ordens. In der Regel sind die Klöster gut organisiert. Viele Klöster besitzen Land und Garten, auf dem sie Landwirtschaft betreiben. Hierfür

werden Leute eingestellt. Früher haben die Könige in China Kriminelle und Verbrecher für landwirtschaftliche Arbeiten zur Verfügung gestellt. Dies sollte der Reintegration in die Gesellschaft dienen. Ein Mönch ist gehalten, seinen Tag der Wahrheitssuche zu widmen, wobei das Studium der heiligen Schriften und die Meditation wichtige Rollen spielen.

Zu Vollmond und Neumond versammeln sich die Mönche einer Gemeinde, um den Upasada (upasad, wörtl.: in der Nähe sitzen) zu vollziehen. Das Ritual besteht aus der extrem strengen Einhaltung der Ordensregeln. Für jeden zweiten Upasada ist ein offenes Beichtritual vorgesehen. Später führte man eine Privatbeichte ein. Auch durchziehende Mönche sollen am Upasada teilnehmen. Das Fest Pravarana am Ende der Regenzeit gibt den Laien Gelegenheit, Mönche reichlich zu beschenken. [...] Die Mönche verbringen die Regenzeit mit Studium und Meditation. Am Ende der Regenzeit laden die Laien die Mönche zum Essen ein, veranstalten Prozessionen und schenken den Mönchen zum Schluss Tücher aus Rohbaumwolle (kathina, wörtl.: unfein, schwer, da dieser Stoff grob ist). Die Schenkung der Stoffe wird das Kathina-Fest genannt. Die weißen Tücher werden von den Mönchen safrangelb oder oranggelb gefärbt und zu Kleidung verarbeitet.

Die Lebensweise eines Ordinierten

Als Buddha noch lebte, nahm er Menschen aller Schichten und jeder Abstammung in seinem Gefolge auf. Allerdings stellte er auch Bedingungen. Einigen verweigerte Buddha die Aufnahme. Ein Beamter, der den Dienst noch nicht gekündigt hat, kann nicht ordiniert werden. Ein Verheirateter muss das Einverständnis des Ehepartners vor der Ordination erreichen. Die Verschuldeten müssen vor der Ordination ihre Schulden abbezahlt haben. Jeder, der die Ordination vollzogen hat, muss diese vier Regeln befolgen:

1) Ein Ordinierter lebt von Almosen und darf nur einmal am Tag etwas essen.
2) Nach dem Essen muss die Gehmeditation praktiziert werden und man darf nur unter einem Baum schlafen.
3) Ein Ordinierter darf nur drei Kleidungsstücke besitzen. Jede Kleidung darüber hinaus muss anderen gespendet werden.
4) Krankheit soll mit Kräutern kuriert werden.

Das waren die vier Hauptregeln im Leben eines Ordinierten zur Zeit des Buddha. Auch heute sollten sie den Alltag eines Ordinierten bestimmen. Warum sollen sich die Ordinierten nur von Almosen ernähren und nur einmal am Tag essen? Um das Essen zu bitten, ist ein Akt der Demut. Ein Ordinierter soll Demut üben. Während das Betteln den Hochmut der Ordinierten bekämpft, sammeln die Laien mit ihren Gaben gute karmische Verdienste für sich an. Die Beschränkung der Mahlzeiten auf eine drückt dagegen die Genügsamkeit der Ordinierten aus. Ein Ordinierter ist genügsam im Genuss der Speisen, im Tragen einfacher Kleidung und im Schlaf. Diese Tradition wird heute noch von den Mönchen der Hinayanatradition in Thailand,

Burma und Sri Lanka weitergepflegt. Die Mahayanatradition hat einige Veränderungen vorgenommen. Die Ordinierten gehen heute nicht mehr auf den Almosengang. Die Laien bringen ihnen die Lebensmittel in die Pagode, aus denen die Helfer in der Pagode Speisen zubereiten. In einem Mahayana-Tempel werden drei Mahlzeiten am Tag eingenommen, die allerdings weder reichlich noch festlich sein dürfen. Das Abendessen sollte mit Schamgefühl eingenommen werden.

Nach der Mahlzeit gehen die Mönche dreimal um den Buddha. Diese Gehmeditation wird heute sowohl von dem Mahayana als auch von dem Hinayana praktiziert. Sie fördert die Verdauung. Das Schlafen unter einem Baum ist nur für das Leben in Indien geeignet. Keines der anderen buddhistischen Länder beachtet heute noch diese Regel. Sogar die Mönche zur Zeit des Buddha wurden nach längerer Zeit im Freien krank. König Bimbisara und die Laien bauten Hütten für die Mönche in dem Bambusgarten. So entstand das erste Vihara (Kloster). Auch das Leben im Freien ist ein Akt der Entsagung. Die Ordinierten sollten nicht an den angenehmen Seiten des Lebens festhalten.

Der Mönch hat keinen Privatbesitz, es sei denn er verwaltet es für den Sangha. Das einzige Eigentum eines Mönches besteht aus drei Gewändern, Civara genannt. Diese Gewänder werden im Todesfall an andere Mönche weiter vererbt. Von dieser Regel wird nur dann Abstand genommen, wenn der Verstorbene an einer ansteckenden Krankheit gelitten hatte. Als Medikament empfahl der Buddha eine Art Kräutermedizin. In einem gesunden Körper lebt ein gesunder Geist. Aber die Krankheit erwirkt eine Dispens für viele Gebote der Lehre des Buddha.

Wer diese vier Hauptregeln akzeptiert, kann das Leben eines Ordinierten führen. Darüber hinaus muss ein Mönch noch andere Regeln befolgen: Er darf keine Person besonders lieben, er muss sich in der Weisheit und Barmherzigkeit bilden. Er darf auf niemanden länger als eine Nacht böse sein. Im Vinaya(pitaka) sind sehr viele Regeln kodifiziert, hier nenne ich nur einige. Im Laienleben können wir eine Person bevorzugt lieben, die andere nicht mögen. Für einen Ordinierten ist eine derartige Fixierung der Gefühle auf eine Person im Guten wie im Schlechten nicht gestattet. Die Aufgabe eines Ordinierten ist, sich in Weisheit und Barmherzigkeit zu üben. Auch darf ein Bhikkhu (buddhistischer Mönch) auf niemanden über Nacht böse sein, schon gar nicht Hass für ihn empfinden.

In der Hauptpraxis eines Ordinierten dürfen die oben erwähnten Regeln und Verhaltensweisen nicht fehlen. Der Ordinierte hat auch jeden Streit zu meiden, noch darf er Rivalitätsgefühle in sich aufkommen lassen. Alles, was einem Laien erstrebenswert erscheint, sollte der Ordinierte hinter sich gelassen haben. Wer sich mit einem Ordinierten messen will, der hat sich einen Formlosen zum Maßstab gewählt.

Nur wer alles verlassen kann, kann auch alles erreichen. Wer viel begehrt, verliert auch viel. Introspektion ist immer besser als Außenorientierung. Die Praxis des Ordinierten sollte immer vom Fleiß, von der Bemühung, von der Regel und von der Standhaftigkeit gegenüber den Schwierigkeiten bestimmt sein. Sinn der klösterlichen Disziplin ist die Entdeckung und Schulung der eigenen Fähigkeiten und die Ausbildung des Wissens und der Weisheit. Hier folgt jeder dem Ziel, daß er sich selbst gesetzt hat. *Thich Nhu Dien*

Welche Haltung zum Leben und zu den Mitmenschen wird durch die Ordensregeln gefordert und gefördert?

Hausaltar

Die Gestaltung des Hausaltars unterscheidet sich je nach Landesbrauch und Glaubensrichtung. Viele Buddhisten in Thailand stellen sieben Buddhabildnisse auf ihren Altar, wobei jedes Bildnis für einen bestimmten Wochentag zuständig ist. Wiederum ist in Thailand zu beobachten, dass ein Buddhabildnis nicht für ganz heilig gehalten wird, bevor dieses nicht geweiht ist. Zur Weihe gehört auch die Rezitation der heiligen Texte. Vor der Weihe wird auf die Augen des Bildnisses Bienenwachs aufgetragen. Nach der Weihe wird das Wachs entfernt. Dieses Wachs gilt nun als heilig und glückbringend und wird daher von den Gläubigen aufbewahrt. Manche benutzen dieses Wachs für ein Amulett. Die tibetischen Buddhisten opfern dem Buddhabildnis bzw. den Buddhabildnissen auf ihrem Hausaltar in sieben Schüsseln jeweils Wasser zum Trinken, Wasser zum Füßewaschen, Blumen, Wohlgeruch, Licht, wohlriechendes Wasser und Speise. Eine Lampe oder Kerze und Räucherstäbchen sind vor jedem Altar zu finden, unabhängig davon, ob dieser sich im Hause eines Anhängers des Theravada oder Mahayana oder Vajrayana befindet. Die tägliche Rezitation der heiligen Texte vor dem Altar ist eines der beliebten Rituale der buddhistischen Haushalte. Üblicherweise vollziehen die Hausfrauen diese Zeremonie. Berufstätige Hausfrauen rezitieren häufig die heiligen Texte abends, bevor sie sich zum Schlafen legen.

Rezitation heiliger Texte

Zu verschiedenen Anlässen werden Mönche von buddhistischen Familien eingeladen, um die heiligen Texte zu rezitieren. Dies bringt der Familie Glück und reinigt von schlechten Taten. In Sri Lanka wird zu diesem Anlass ein Podium gebaut, auf dem der Mönch mehrere Stunden lang sitzt und rezitiert. Man stellt einen Wasserkrug auf das Podium. Der rezitierende Mönch hält eine safranfarbige Schnur in der Hand. Nachdem die Rezitation beendet ist, besprenkelt der Mönch mit dem geweihten Wasser im Krug die Anwesenden. Die Schnur wird geteilt und von den Gläubigen an Hals oder Hüfte getragen. Sie übernimmt die Funktion eines Amuletts. In Dörfern veranstalten wohlhabende Familien das Rezitationsritual, das eine ganze Woche dauert und zu dem alle Dorfbewohner eingeladen sind. In Burma werden zu Anlässen wie der Namensgebung des Neugeborenen, Hochzeit etc. Mönche eingeladen. Dies gilt als segenbringend. In China glauben die Buddhisten, dass zwischen Tod und Wiedergeburt einige Zeit vergeht. Die Verwandten des Verstorbenen versuchen deshalb, durch die Rezitation der heiligen Schriften und andere Zeremonien das Zwischendasein des Verstorbenen günstig zu beeinflussen. Obwohl die Tradition neunundvierzig Tage für solche Zeremonien vorschreibt, hängt es von der finanziellen Lage der Hinterbliebenen ab, wie lange das Ritual vollzogen wird. Ähnlich verhalten sich die Buddhisten in anderen Ländern.

Reliquienverehrung und Wallfahrt

Wir unterscheiden drei Arten von Reliquien: die Reliquien des Buddha, der Arhats und der

Versammlung buddhistischer Gläubiger zu Lesung und Gebet vor dem Baum der Erweckung in Bodhgaya, Indien

Patriarchen. Die Reliquien des Buddha sind heute sehr selten. Die drei berühmtesten Reliquien sind die beiden Zähne und das Haar des Buddha, die in China, Sri Lanka und Burma verehrt werden. Außerdem hinterließ Buddha verschiedene Perlen als Reliquien, die nach seiner Verbrennung entstanden sind. Diese Perlen gibt es in drei Größen: in der Größe einer Essstäbchenspitze, in der Größe eines Reiskorns und in der Größe eines Sesamkorns. Die beiden größeren Perlen sind heute Raritäten. Die sesamkorngroßen Perlen gibt es noch hier und da. Die Reliquien der Arhats oder die der Patriarchen genügen dagegen nicht den drei Eigenschaften einer Buddhareliquie. Diese drei Eigenschaften sind:

In den Ländern des Theravada-Buddhismus sieht man die buddhistische Flagge – ein Symbol der Wiederbelebung des Buddhismus in Ceylon (Sri Lanka). Sie wurde in größerem Maße erstmals 1888 verwendet und soll die Aura des Buddha darstellen.

* *siehe S. 28*

♦ *siehe Kloster Pagode Giac S. 61*

✣ *Der Text von Thin Nhu Dien von S. 11/12 stellte die wichtigsten Regeln für buddhistische Ordensmitglieder – die Mönche – vor.*
Vergleichen Sie diese Regeln mit den für die »einfachen« Gläubigen – die Laien – auf den Seiten 12–15 beschriebenen Vorgaben zu den Alltagsritualen, zum Hausaltar, zur Rezitation heiliger Texte, zur Reliquienverehrung usw.
Welche Wege begehen die Mönche und die Laien und wie beurteilen Sie diese Wege?

1) ihr leichtes Gewicht und ihre Wasserabweislichkeit. Die Reliquien gehen zwar im Wasser unter, wenn wir sie nach unten drücken, aber sie schwimmen auf der Wasseroberfläche, wenn man sie auf das Wasser fallen lässt.
2) ihre gegenseitige Anziehungskraft. Wenn wir mehrere Reliquien auf der Wasseroberfläche schwimmen lassen, bewegen sie sich langsam aufeinander zu.
3) ihre Fünffarbigkeit. Die Buddhareliquien haben fünf Farben. Wenn wir die scheinbar cremefarbigen Perlen unter dem Mikroskop betrachten, werden die fünf Farben der buddhistischen Flagge sichtbar.

Die Reliquien des Buddha haben schon 2500 Jahre überdauert und besitzen immer noch die gleichen Eigenschaften wie am ersten Tag. Der Körper des Buddha wurde zwar verbrannt, doch sein Dharmkaya* existiert ewig. Als wir 1986 die Reliquien durch die Opfergabe der Nonne Tu Ngoc bekamen, habe ich sie zuerst in der Andachtshalle♦ untergebracht. Zur Betrachtung freigegeben habe ich sie allerdings erst, nachdem wir den Namen des Avalokiteshvara Bodhisattva 500-mal rezitierten und bei jeder Rezitation eine Verbeugung gemacht hatten. Alle, die bei dieser Zeremonie anwesend waren, schlossen sich uns an und machten ebenfalls ihre tiefen Verbeugungen. Ein Gefühl der Hochachtung, die Stimmung der Andacht und die fromme Hoffnung auf Erlösung übertrugen sich auf alle Anwesenden, rührte sie in unbeschreiblicher Weise an und entrückte sie für eine kleine Weile aus ihrer alltäglichen Welt.

Wer die historischen Plätze des Buddha besucht hat, der hat dieses Gefühl schon einmal erlebt und vielleicht auch noch intensiver. […] Von unserer Indienreise 1989 brachten wir auch Erdreich von den historischen Schauplätzen mit nach Deutschland, die Erde von den heiligen Stätten des Wirkens Buddhas: Erde aus dem Rehgarten von Benares, […] dem Erleuchtungsort in Bodhgaya, Erde aus dem Zwillingsbaum-Wald von Kushinagar und aus dem Lumbinigarten in Nepal. Diese Plätze gelten den Buddhisten als die Plätze, die anrühren. Wenn ein Buddhist an diese Stätten gelangt, übermannt ihn ein Gefühl des Bedauerns, begleitet von einem Glücksgefühl, Gefühle, die er nicht unterdrücken kann. Das Bedauern kommt auf, weil er zu spät auf die Welt kam und dem Buddha nicht persönlich begegnet ist. Das Glück ergreift ihn, weil er diese heiligen Stätten sehen durfte. Im Parinirvana Sutra sagte Buddha, dass ein Buddhist wenigstens einmal im Leben einen dieser Orte besuchen sollte; denn dort hätte er noch die Gelegenheit die Anwesenheit des Buddha zu erfahren und die Saat für die Begegnung mit den Buddhas der Zukunft zu säen.

Von dieser Reise brachte ich auch zwei kleine Steine mit. Der eine Stein stammt von dem Geiergipfel, wo Buddha das Lotussutra und das Parinirvanasutra lehrte. Der andere stammt von dem Ort, wo Buddhas irdischer Leib verbrannt wurde. Die beiden Steine legte ich in die Stupa der Zehntausend-Buddhastatuen.

Schätze dieser Art stellen nicht nur eine historische, sondern auch eine geistige Verbindung mit dem Wirken Buddhas her und adeln den Ort ihrer Aufbewahrung, der damit auch zu einem Anziehungspunkt für die Buddhisten in Deutschland wird. Ich hoffe, dass sie ewig auf der Welt verweilen und den Lebewesen nutzen mögen. *Thich Nhu Dien*

Thangka

Der Thangka, ein mit leuchtenden Farben kunstvoll bemaltes Rollbild, ist […] nicht bloße Dekoration, sondern ein wichtiges Hilfsmittel zur Meditation, eine bildliche Darstellung, die den Geist beruhigen und die Gedanken sammeln soll. Herrliche Beispiele der Thangka-Kunst können in allen Klöstern Sikkims bewundert werden; auf die riesigen Rollbilder sind die Symbole allerdings nicht gemalt, sondern appliziert. Während hoher Feiertage werden sie in einer Zeremonie entrollt. Doch man kann Thangkas auch in Privathäusern und dem Institute of Tibetology in Gangtok betrachten.

Der Thangka-Maler spannt sein Stück Stoff oder Leinwand auf einen hölzernen Rahmen und bearbeitet zunächst die Oberfläche mit pflanzlichen Substanzen. Dann zeichnet er die Umrisse mit Kohle oder indischer Tinte darauf. Die Bilder entstehen nach genau festgelegten ikonometrischen und hierarchischen Regeln: Die Maße und die Platzierung der Hauptfigur sind genau abgemessen im Verhältnis zu denen der Nebenfiguren. Die Thangkas stellen Buddhas, Bodhisattvas,

große Heilige und Szenen aus ihrem Leben dar, historische Persönlichkeiten und auch solche mystischen oder abstrakten Vorstellungen wie das Rad des Lebens, das Mandala und die Tashi Taggye, die acht Attribute des Vajrayana, darunter die Lotosblüte, das Tritonshorn und die Dharmachakra. Innerhalb dieser festgelegten Muster bleibt dem Künstler nur wenig Raum für Improvisation, selbst Einzelheiten wie der Lotosthron, Augen, Bäume und flammende Heiligenscheine sind vorgegeben. Doch trotz dieses Formalismus hat ein Thangka nichts Statisches an sich. Kühn sind die großen Linien hingeworfen, die Einzelheiten mit großer Zartheit und Feinheit ausgeführt. Das Antlitz der sitzenden Hauptfigur zeigt erhabene Ruhe, die Augen sind nach innen gerichtet. Um die Figur scharen sich die Anbetenden, die ihre Gesichter in Verehrung nach oben wenden oder auch die rächenden Gottheiten, die das Böse bezwingen. [...]
Die Farben haben wichtige symbolische Bedeutung. Die beiden Grundfarben Rot und Gelb bedeuten den Unterschied zwischen Feuer und Leben, Materiellem und Immateriellem, Gefühl und Intellekt. Orange, das Rot und Gelb vereinigt, symbolisiert das Wissen in der höchsten Form der Spiritualität. Die Komplimentärfarbe Blau in ihrer Passivität hat positive Bedeutung, ist sie doch mit Tiefe, Reinheit und Unendlichkeit verbunden. Grün zeigt die Aspekte der Natur. Lila verbindet die aktivste Farbe (Rot) mit der passivsten (Blau). Organische oder metallische Substanzen haben traditionsgemäß die Farben für die Palette des Malers geliefert. *Pushpesh Pant/Asharani Mathur*

Ein tranzszendenter Buddha. Die Heilpflanze, die aus der rechten Hand heraustritt, deutet darauf hin, dass dieser Buddha für die Medizin zuständig ist.

Das Tashiding-Kloster in Sikkim

Ein berühmtes Kloster ist Tashiding. Die Legende berichtet, dass Guru Rimpoche einst einen Pfeil abschoss und versprach zu meditieren, wo immer er landen würde. Ein kleiner Schrein ehrt diesen Ort. Das heutige Kloster wurde wesentlich später von Pedi Wangmo, der mordlüsternen Stiefschwester des Chador Namgyal, erbaut. Auf einem dicht bewaldeten Hügel gelegen, der sich steil zwischen den Flüssen Rathong und Lohit erhebt, zählt es zu den heiligsten Schreinen Sikkims.
Tashiding ist berühmt für sein Bumchu-Fest. Die fromme Legende will, dass Gandak Chenpo ein wenig Wasser segnete, nachdem er das heilige Mantra »Om Mani Padme Hum« fünf Billionen Mal gesungen hatte. Dieses Wasser war nun mit wundersamen Kräften ausgestattet. Es ist – obwohl es bereits dreihundert Jahre in einem uralten Behälter aufbewahrt wird – weder verdampft, noch hat es von seiner Frische eingebüßt. Während des Bumchu-Festes wird dieses Wasser zu Weissagungen benutzt. Es wird in 21 gleich große Gefäße gegossen. Eine Weissagung über das Schicksal Sikkims im folgenden Jahr ergibt sich daraus, ob das ausgeschüttete Wasser weniger, mehr oder ebenso viel wie den Inhalt der 21 Gefäße ergibt.
Der Tschörten [tibetische Form des Stupa] bei Tashiding heißt Thongwa Rangol und enthält Reliquien des Manjushri. Er wird als der heiligste erachtet, dessen Anblick allein alle Sünden fortwäscht. Die Gläubigen umwandern den Tschörten derart, dass er sich stets zu ihrer Rechten befindet. Die Mauern sind mit Steinplatten geschmückt, auf denen das Mantra »Om Mani Padme Hum« eingemeißelt ist. Diese Steinplatten werden von Gläubigen, die sich verdient machen möchten, angebracht.
Pushpesh Pant/Asharani Mathur

Welche Bedeutung, welche Zielsetzung besitzt diese für alle Richtungen des Buddhismus wichtige Vipassana-Meditation? Beschreiben Sie das Geschehen und die angestrebte Wirkung.

Totenritual der Shinshu-Buddhisten in Japan

Ein Handbuch für die Priester der Shinshu-Schule, eine der vielen Schulen des Mahayana, gibt folgende Anweisungen zum Totenritual:
Bald nach dem Tode des Verwandten wird ein Priester bestellt, der die heilige Schrift Makura-gyo rezitiert. Der Verstorbene wird so hingelegt, wie der Buddha sich hinlegte, als er starb, d.h. der Kopf wird nach Norden gerichtet, wobei das Gesicht nach Westen zeigt. Das Gesicht wird mit einem Tuch zugedeckt. Der Leichnam wird gewaschen und der Kopf symbolisch rasiert, weil der Buddha stets seinen Kopf rasierte. Nun erhält der Verstorbene einen Dharma-Namen – einen buddhistischen Namen. Ein Priester rezitiert heilige Schriften, während in der Nacht die Familie, Verwandten und Freunde die Totenwache halten. Der Umzug zum Krematorium am nächsten Tag wird ebenfalls mit der Rezitation der heiligen Schriften durch einen Priester begleitet. Bevor der mit Blumen geschmückte Sarg dem Feuer übergeben wird, vollzieht der Priester eine Zeremonie, wobei er Weihrauch anzündet und weiterhin rezitiert. Auch Familienangehörige zünden Weihrauch an. Die Urne mit der Asche wird der Familie möglichst am gleichen Tag überreicht. Diese Urne wird dann entweder in einem Tempel vor den Altar oder vor den Hausaltar gestellt. Die Gedenkzeremonie findet frühestens am achten Tag nach der Verbrennung des Leichnams statt. Die Gedenkzeremonie kann, wenn die Hinterbliebenen dies wünschen, mehrfach und mehrere Jahre lang wiederholt werden.

Vipassana-Meditation

Die Meditation spielt in allen Richtungen des Buddhismus ein wichtige Rolle. Als Beispiel wird hier die sehr verbreitete Vipassana-Meditation vorgestellt. Diese Meditation wird von vielen buddhistischen Zentren als zehntägiger Kurs angeboten. Vipassana-Meditation kann sowohl von einzelnen Personen zu Hause als auch in einer Gruppe praktiziert werden. Diese Meditation verlangt eine strikte Einhaltung rechten Verhaltens (shila), die darin besteht, das man das Rechte sagt, das Rechte tut und einen rechten Lebenserwerb ausübt. Besonders gelten: nichts stehlen, keine sexuellen Verfehlungen, kein unwahres oder unheilsames Wort aussprechen und kein berauschendes oder bewusstseinstrübendes Mittel einnehmen. Die Vipassana-Meditation bedeutet die Entwicklung der Einsicht und besteht aus drei Stufen: 1. rechtes Bemühen, 2. rechte Aufmerksamkeit und 3. rechte Konzentration.
Die Atemübung Anapanasati begleitet die Vipassana-Meditation in allen ihren Stufen. Sie besteht darin, seinen Atem zu beobachten, wie er ist: leicht oder schwer, lang oder kurz etc. Die Konzentration auf den Atem befähigt den Meditierenden dazu, seine Gedanken zu kontrollieren.
Rechtes Bemühen verlangt Folgendes: Das Entstehen von schlechten, unheilsamen Geisteszuständen soll verhindert werden oder diese sollen aufgegeben werden, falls sie doch entstehen; der Meditierende soll versuchen, heilsame Geisteszustände in sich zu entwickeln; er soll versuchen, diese positiven Geisteszustände aufrecht zu erhalten, damit sie sich weiterentwickeln können. Rechte Aufmerksamkeit besteht darin, dass man intensiv und konzentriert seinen Atem beobachtet und sich sagt: »In diesem Augenblick atme ich ein; in diesem Augenblick atme ich aus; der Atem ist leicht« etc. Diese Beobachtung führt dazu, dass der Meditierende sich des gegenwärtigen Moments vollkommen bewusst wird. Außerdem befreit die vollkommene Konzentration auf den Atem den Meditierenden von Verlangen, Abneigung und Unwissenheit.
Die rechte Konzentration besteht aus der folgenden Übung: Sobald die Aufmerksamkeit abschweift, muss der Meditierende diese wieder auf den Atem zurückzubringen. Dies führt dazu, dass Zerstreutheit und geistige Abwesenheit geringer werden.
Die Vipassana-Meditation führt zur Entspannung. Der Meditierende fühlt sich glücklich und gewinnt Energie. Es ist möglich, dass er während der Meditation Lichter und Erscheinungen sieht und/oder Klänge hört. Diese sind die Zeichen dafür, dass sein Geist eine wesentlich höhere Ebene erlangt hat. Der Meditierende darf sich jedoch von Lichtern, Erscheinungen oder Klängen nicht ablenken lassen.
Das Ergebnis der Vipassana-Meditation sind Frieden, Freude und Glückseligkeit.

Kloster im Ausgrabungsgelände 4 von Nalanda, Bundesstaat Bihar, Indien. Die Klosteruniversität Nalanda war ein berühmtes Zentrum für das Studium des Buddhismus und beherbergte Studenten aus verschiedenen Ländern Asiens. Sie erlebte ihre Blütezeit zwischen dem 5. und 12. Jahrhundert n. Chr.

2. Zur Geschichte des Buddhismus

Der Hintergrund

Der Buddha lebte und wirkte zu einer Zeit, als die hinduistischen Intellektuellen ihre komplizierten und aufwändigen Rituale in Frage stellten und nach dem tieferen Sinn der Religion forschten. Diese Intellektuellen griffen aber die bestehenden heiligen Schriften nicht an, sondern ignorierten sie wenn möglich. Buddha war jedoch radikaler als diese Menschen und schlug einen neuen Weg ein, der viele feste Bestandteile des Hinduismus nicht akzeptierte. Da aber der Buddha selbst als Hindu geboren und erzogen wurde und später, als er seine eigene Gemeinde gegründet hatte, immer noch in hinduistischer Umgebung lebte, übernahm er einige vorhandene hinduistische Theorien, z. B. die Theorien des Karma und der Wiedergeburt sowie manche Theorien und Praktiken des hinduistischen Yoga. Viele prominente buddhistische Meister stammten ursprünglich aus den hinduistischen Brahmanenfamilien Indiens, z. B. Nagarjuna (Mahayana) und Buddhaghosha (Theravada). Die Tatsache, dass einerseits die buddhistischen heiligen Schriften den Hinduismus arg angreifen, andererseits der Buddha viele im Hinduismus schon vorhandene Theorien und Praktiken übernommen hat, muss vor diesem Hintergrund betrachtet werden. Die Kritik am Hinduismus, die nicht selten die Grenze zum Angriff berührt, deutet auf die harte Konkurrenz zwischen Hinduismus und Buddhismus hin, wobei die Übernahme hinduistischer Ideen den Einfluss des Hinduismus auf den rebellischen Buddhismus des Gautama Buddha verdeutlicht.

Das Leben des Buddha

Die Überlieferungen, die das Leben Buddhas beschreiben, sind keine nüchternen Biographien des Meisters. Hier begegnen uns Erzählungen, die eher religiösen Charakter haben und nicht wörtlich verstanden werden dürfen. In diesen Schriften wird der Buddha als ein höheres Wesen mit übernatürlichen Kräf-

Welches sind die Phasen und Schritte Buddhas auf dem Weg zur Erkenntnis?

ten dargestellt. Trotzdem ist es möglich, sich hieraus ein Bild über das Leben Buddhas zu machen. Laut westlichen Wissenschaftlern wurde der Buddha um 566 oder um 463 v. Chr. in der Nähe von Kapilavastu (Nepal) geboren. Sein Vater Shuddhodhana regierte hier. Der Neugeborene erhielt den Vornamen Siddhartha – der das Ziel erreicht hat. Er gehörte zum Geschlecht der Shakya aus der Gautama-Familie. Deshalb wird er auch Shakyamuni – der Weise aus dem Geschlecht Shakya – sowie Gautama Buddha genannt. Kurz nach seiner Geburt starb seine Mutter, die Königin Maya, so dass er von Gautami, der Schwester seiner Mutter, erzogen wurde. Er führte ein unbeschwertes Leben, heiratete mit sechszehn Jahren Yashoda, die ihm einen Sohn gebar. Einige Ausflüge in die Stadt machten ihn auf Altern, Krankheit, Tod und Askese aufmerksam. Er vermutete in der Askese ein Entkommen von den vorgenannten Unannehmlichkeiten. Tief in der Nacht verließ er seine Frau und das neugeborene Kind, das Rahula hieß, ohne eine Nachricht zu hinterlassen. Er war 29 Jahre alt. Er wanderte und kam in das Königreich Magadha im heutigen Bundesstaat Bihar (Indien). Hier lernte er Yoga bei zwei Meistern, war jedoch mit dem Ergebnis nicht zufrieden. Nun versuchte er ohne Lehrer weiter zu kommen. Es wollte aber nicht gelingen. Siddhartha ließ jedoch nicht los und meditierte beharrlich. Zum Schluss erlangte er die Erleuchtung unter einem Feigenbaum in Bodh-Gaya im heutigen Bundesstaat Bihar. Dieser Feigenbaum wurde später als Bodhi-Baum berühmt. Der heutige Feigenbaum in Bodh-Gaya gilt als ein Ableger des originalen Bodhi-Baums und wird von den Buddhisten verehrt. Von hier aus ging er nach Benares und predigte zum ersten Mal vor fünf Asketen, die ebenfalls Erleuchtung suchten. 45 Jahre lang predigte er seine Religion im Gebiet des Mittleren Ganges und starb im Alter von 80 Jahren in Kushinagara, wo die Mallas regierten. Seine Erleuchtung in Bodh-Gaya wird Nirvana – Erlöschung – und sein Tod in Kushinagara wird Pari-nirvana – die endgültige Erlöschung – genannt. Die heiligen Schriften berichten, dass der Buddha vier Vollkommenheiten besessen hat: Sittlichkeit (shila), Meditation (samadhi), perfektes Wissen (prajna) und Erlösung (vimukti), die kollektiv Agrani – die Höchsten – heißen (Agranisutra).

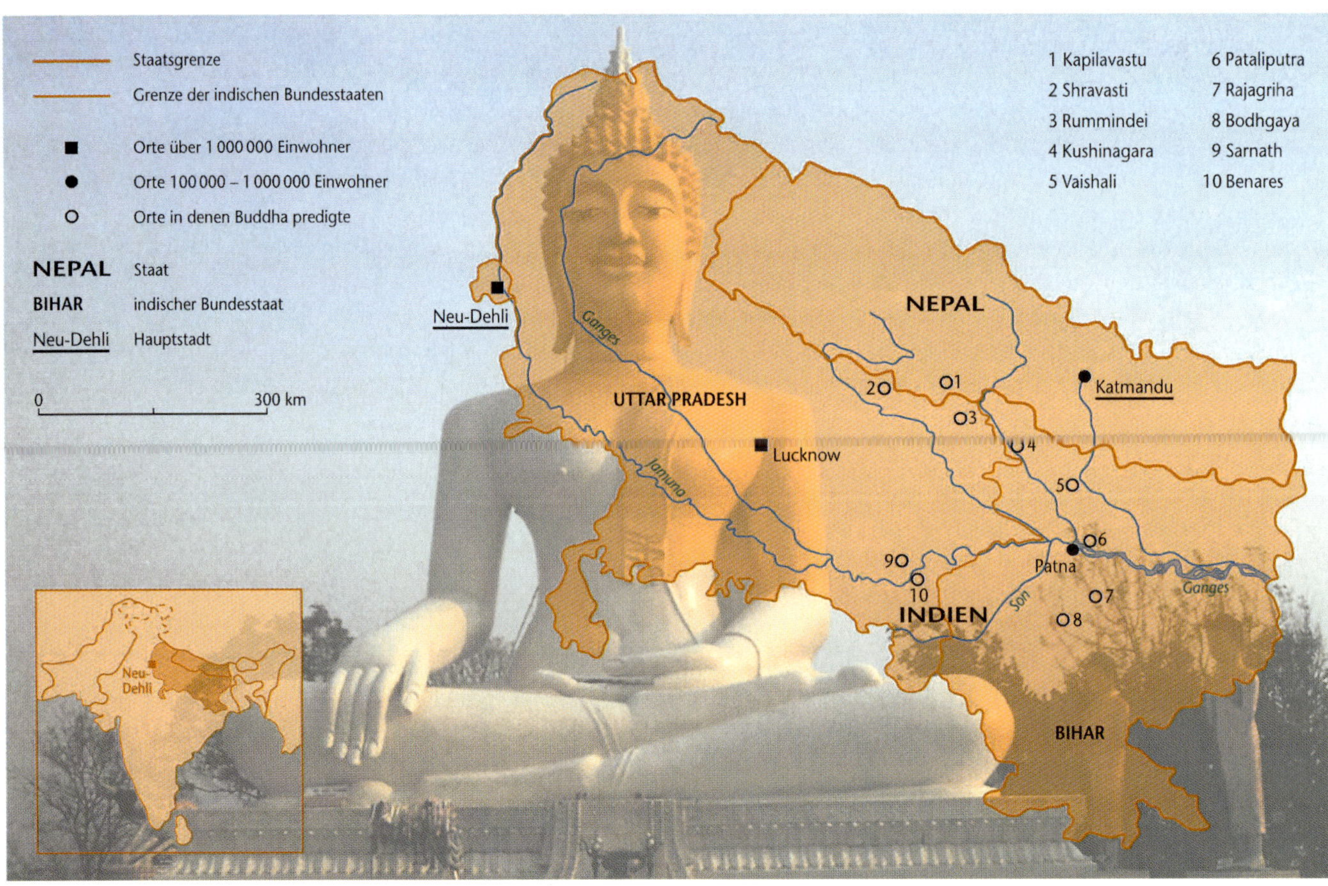

Übernatürliche Kräfte des Buddha

Damals gab es einen [hinduistischen Meister], namens Uruvilvakaschyapa. Er war hundertundzwanzig Jahre alt und hatte fünfhundert Schüler. In einem Wäldchen am Ufer des Flusses Nairandschana verweilte er und trieb aszetische* Übungen. Alle Leute im Lande Magadha aber schätzten, achteten und ehrten ihn, sahen ihn für einen höchst verdienstvollen Mann an, und er erschien ihnen als ein Heiliger. Und der Buddha beschloss, um Kaschyapa das erhabene Gesetz zu predigen und alle Leute des höchsten Gewinnes teilhaft werden zu lassen, sich an die Nairandschana zu dem Aufenthaltsort jenes zu begeben. Er tat so, und Uruvilvaschakyapa sah den Erhabenen von weit her und richtete für ihn einen Sitz zu. Und als der Buddha angelangt war und sich gesetzt hatte, begrüßte er ihn mit den Worten: »Willkommen, großer Aszet*, lange Zeit habe ich deinen Besuch nicht empfangen!« Und sie fragten einander nach dem Ergehen: »Ist der Ehrwürdige wohlauf?« und setzten sich einander gegenüber.

Der Buddha bezwingt einen Giftdrachen

Und der Buddha wandte sich an Kaschyapa: »Sei so gut, mir in deinem Feuertempel ein Plätzchen zu gewähren, wo ich die Nacht verbringen kann.« Kaschyapa antwortete: »Das kann ich leider nicht; denn in jenem steinernen Tempel haust ein großer Giftdrache, und ich fürchte, er würde dir etwas zuleide tun.« Der Buddha sprach: »Ich werde den Drachen des Tempels bestimmen, mir nichts Böses zu tun.« Kaschyapa antwortete: »Wenn der Drache dir nichts zuleide tut, großer Aszet, dann nimm nach Gefallen dort Platz.« Und der Erhabene wusch zur Zeit der ersten Nachtwache seine Hände und Füße und betrat den Feuertempel. Wie gewöhnlich breitete er eine Streu aus und setzte sich mit verschränkten Schenkeln nieder. So meditierte er auf rechte Weise und rührte sich nicht.

Der Drache aber sah den Erhabenen von weitem, wurde von Zorn gepackt und spie giftigen Rauch. Doch der erhabene Buddha ließ mit Hilfe seiner übernatürlichen Kräfte ebenfalls Rauch aus seinem Munde hervorquellen und hüllte damit jenen giftigen Rauch ein. Als der Giftdrache das sah, setzte er in wildem Grimm seinen ganzen Körper in Flammen und ließ Feuer daraus hervorbrechen. Doch der Erhabene trat, weil er jenen Giftdrachen bezwingen wollte, in die Versenkung »Feuerglanz« ein, ließ an seinem ganzen Körper ebenfalls Flammen hervorbrechen, und ein wildes Feuer loderte in jenem Steintempel auf.

Zu der Zeit, es war um die mittlere Nachtwache, kam Kaschyapa aus seiner Hütte hervor, um nach den Sternen zu schauen. Da sah er den steinernen Tempel in Flammen stehen und dachte: O Jammer, o Jammer, der große Aszet Gautama, der eine so herrliche Erscheinung war, hat meine Worte nicht befolgt und wird jetzt vom Feuer des giftigen Drachen zu Asche verbrannt! Und er befahl allen seinen Schülern, Wasser zu holen, das Feuer zu löschen und den großen Aszeten zu retten. Der Erhabene erkannte Kaschyapas Gedanken und entschloss sich, um jenen Giftdrachen zu unterwerfen, noch einmal in die Versenkung einzutreten. Er brachte vielfachen Feuerschein hervor und löschte damit das Feuer des Giftdrachen aus, ohne aber dessen Körper zu verletzen. Und als der Giftdrache die verschiedenen Arten von Feuer sah, erschrak er heftig, begab sich zum Platze des Buddha, kroch in seine Almosenschale hinein und blieb darin mit zusammengerolltem Körper liegen. Als der Erhabene sah, dass der Drache bezwungen war, erhob er sich aus der Meditation, nahm die Schale und begab sich hinweg zu Kaschyapas Aufenthaltsort. Kaschyapa sah ihn kommen und fragte: »Du bist am Leben geblieben, großer Aszet?!« Der Erhabene antwortete: »Ich habe mich nicht stören lassen!« Kaschyapa fragte: »Was hast du da in deiner Almosenschale?« Der Erhabene antwortete: »Das ist der Giftdrache, den du fürchtetest. Ich habe ihn bezwungen, und nun steckt er in dieser Schale.« Als Kaschyapa das sah, dachte er: Der Aszet Gautama besitzt gewaltige Tugendkräfte, da er dergleichen vermag. Doch auch ich bin ein großer Heiliger.

Ernst Waldschmidt

Buddha Maitreya, verehrt von zwei Anhängern; Marmorstele, China, ca. 550–577 n. Ch.

* *aszetisch/Aszet = asketisch/Asket*

❖ *Vergleichen Sie diese Geschichte über Buddhas übernatürliche Kräfte mit den Wegen und Schriften, die in dem Text »Das Leben des Buddha!« (S. 17 f.) beschrieben sind.*

❖ *Lassen sich bei den Geschichten um andere Religionsbegründer, z. B. Jesus und Mohammed, ähnliche Entwicklungen feststellen?*

Vishvantara-avadana

Die Geschichte vom Prinzen Vishvantara ist in der heiligen Schrift Sutra-pitaka enthalten. Sie demonstriert die Tugend der Freigebigkeit.

Es lebte einmal ein schöner gutmütiger Prinz namens Vishvantara. Er legte das Gelübde der Freigebigkeit ab. Sein Ruf als ein freigebiger Mensch verbreitete sich und Menschen kamen von nah und fern, um ihre Wünsche erfüllen zu lassen. Vishvantara schenkte jedem das, was er haben wollte. Einmal fuhr er mit seinem teueren Pferdewagen, als einige Menschen auf ihn zukamen und um seinen Wagen bettelten. Der Prinz verschenkte auch diesen. Ein andermal ritt er auf seinem Elefanten, als einige Menschen ihm entgegen kamen und um den Elefanten bettelten. Vishvantara erfüllte ihren Wunsch und sagte: »So wie ich diesen Menschen mit großer Freude meinen Elefanten geschenkt habe, so werde ich alle Welten aufgeben und die Erleuchtung erlangen.« Der König, Vater des Prinzen, ärgerte sich über das Verhalten seines Sohnes und verbannte ihn. Vishvantara entschied sich für das Waldleben. Er ging zu seiner Frau Madri, um von ihr Abschied zu nehmen. Sie wollte jedoch den Prinzen begleiten und versprach ihm Gehorsam. Der Gatte belehrte seine Frau über die Vergänglichkeit aller Dinge, gewährte aber seine Zustimmung. Vishvantara verließ das Königreich mit seiner Frau, der kleinen Tochter Krishnajina und dem kleinen Sohn Jalin. Als die Menschenmenge ihnen nachlief und weinte, belehrte der Prinz auch diese über die Vergänglichkeit aller Dinge. Unterwegs begegnete die Familie einem Menschen, der Vishvantara um seinen Wagen anbettelte. Der Prinz verschenkte diesen mit Freude und erklärte seiner Frau, dass es nur gut sei, dass er um Dinge angebettelt werde, denn wie könnte er sonst die Tugend der Freigebigkeit praktizieren, die für das Erlangen der Erleuchtung wichtig ist. Die Familie ließ sich im Wald nieder und lebte glücklich und zufrieden. Zu der Zeit gab es eine Frau, die von ihrem Mann Dienerschaft verlangte. Der Mann ging auf die Suche nach Vishvantara, fand ihn im Wald und bettelte um Krishnajina und Jalin. Der Prinz schenkte dem fremden Mann seine kleinen Kinder. Er erklärte seinen Kindern, die zunächst dem fremden Mann nicht folgen wollten, dass er diese Tat für das Wohl der Welt tue. Die Kinder zeigten Verständnis, nahmen Abschied von ihrem Vater und gingen mit dem fremden Mann. Die Götter im Himmel lobten den Prinzen. Während dies geschah, war Madri nicht zu Hause. Sie sammelte gerade Früchte im Wald. Als sie nach Hause kam und von ihrem Mann alles hörte, weinte sie bitterlich und wollte ihren Kindern nachlaufen. Vishvantara aber hielt seine Frau auf und erklärte ihr, warum er die Kinder verschenkt hatte. Madri zeigte Verständnis und sagte, dass ihr Mann auch sie verschenken könnte, wenn er dies wollte. Sie wünschte ihrem Mann schnellen Erfolg bei der Suche nach der Erleuchtung. Shakra, der König in der Götterwelt, vernahm Madris Aussage und überlegte: verschenkt der Prinz nun auch noch seine Frau, hat er niemanden, der ihn bedienen könnte. Er verkleidete sich als Bettler, trat vor Vishvantara auf und bettelte um seine Frau. Vishvantara schenkte dem fremden Mann seine Frau mit großer Freude. Madri, die zunächst zornig wurde, zeigte sich verständnisvoll. Nun offenbarte sich Gott Shakra und gewährte der tugendhaften Madri einen Wunsch. Madri bat den Götterkönig um die Befreiung ihrer Kinder. Ferner solle Shakra die Kinder zu ihrem Großvater bringen. Shakra versprach, dass er ihre Wünsche erfüllen würde, nahm Madri an die Hand und sagte Vishvantara, dass er nun Madri zur Aufbewahrung beim Prinzen ließe, damit er jemanden für die Bedienung habe. Der Prinz dürfte sie nicht mehr verschenken, denn man darf nicht etwas verschenken, das einem zur Aufbewahrung anvertraut wird. Shakra täuschte nun den fremden Mann so sehr, dass dieser die Kinder just auf dem Markt der Stadt, in dem der Großvater regierte, zu verkaufen versuchte. Die Kinder wurden jedoch von den Ministern gesehen, die dann den König benachrichtigten. Der König befreite sofort seine Enkelkinder und ließ seinen Sohn und Schwiegertochter nach Hause holen. Vishvantara übte weiterhin die Freigebigkeit und wurde für seine Tugend berühmt. Später sagte er: »Ich habe die Freigebigkeit geübt, weil diese die höchste aller Tugend ist; mein Herz ist frei von Leidenschaft. Ich habe meine Frau und Kinder verschenkt und dadurch in dieser und der nächsten Welt Macht gewonnen.« Damals war Buddha Prinz Vishvantara.

Gründung der Gemeinde und Verbreitung der Lehre

Felsenklöster waren beliebt bei Mönchen. Das Bild zeigt die Klosteranlage, die zwischen dem 3. Jahrhundert v. Chr. und dem 7. Jahrhundert n. Chr. in Ajanta, Indien, entstand

Der Buddha gründete seine Gemeinde in Benares mit den fünf Asketen, vor denen er zum ersten Mal predigte. Dieses Ereignis wird Dharma-cakra-pravartana – das Rad der Lehre in Bewegung setzen – genannt. Der Buddha selbst gilt als unermüdlicher Prediger. Er hielt seine Predigten vor dem König und vor dem Bettler mit gleichem Ernst und mit gleichem Verständnis für den Zuhörer. Damit ihn nicht nur die Gelehrten verstünden, predigte er nicht auf Sanskrit, sondern stets in der Sprache, welche die Mehrheit verstand.

Die neue Religion wurde von verschiedenen Königen und reichen Kaufmännern unterstützt. Bimbisara, der mächtige König in Magadha im heutigen Ostindien trat zur neuen Religion über und schenkte seinem Lehrer einen Bambusgarten (venuvanavihara) bei seiner Hauptstadt Rajagriha (Bundesstaat Bihar). König Suddhodhana, der Vater des Buddha, lud seinen Sohn nach Kapilavastu ein, wo der Buddha viele bekehrte. Der reiche Kaufmann Anathapindada (d. h.: Jemand, der den Armen Nahrung spendet) stiftete das Kloster Jetavanavihara auf einem Grundstück, das er mit viel Geld gekauft hatte. Das hinduistische Kastensystem stellt das Wissen an die höchste Stelle. Der Kaufmann war zwar reich, aber der arme Gelehrte aus der Brahmanenkaste hatte mehr Ansehen. Dadurch, dass der Buddha das Kastensystem ablehnte, erreichten die Kaufleute in seiner Gemeinde eine andere Position. Reiche Frauen luden den Buddha mit seinen Jüngern zu Mahlzeiten ein. Ein großer Gewinn waren die Gebildeten aus der Brahmanen- und Kshatriyakaste, die zum Buddhismus übertraten. Es dauerte nicht lange, bis der Buddhismus sich in Indien verbreitet hatte. Es muss jedoch festgehalten werden, dass die massiven finanziellen und die hervorragenden intellektuellen Unterstützungen dem Buddhismus nicht den unübersehbaren großen Erfolg hätten bringen können, wenn diese Religion keine großartige Botschaft gehabt hätte.

Der Buddha hinterließ eine große Gemeinde, die aus Mönchen und Laien bestand. Die Mönche waren von Anfang an eifrige Missionare wie ihr Lehrer. Nach dem Tod Buddhas verbreiteten seine Schüler die Lehre zunächst in Indien, später auch außerhalb Indiens. Manuskripte und archäologische Funde deuten darauf hin, dass Zentralasien, Afghanistan, Pakistan und Nordwestindien Hochburgen des Buddhismus waren. Es bestehen Meinungsverschiedenheiten darüber, ob China zuerst von zentralasiatischen oder von indischen Mönchen vom Buddhismus erfahren hat. In China wurde der Buddhismus zunächst mit dem Konfuzianismus und Taoismus konfrontiert, und musste sich der Tradition des Landes anpassen. Ähnlich war der Fall in Japan und Korea. Nach Sri Lanka kam der Buddhismus direkt aus Indien über den Mönch Mahinda, den Sohn des Kaisers Ashoka (270–232 v. Chr.). Sri Lanka spielt eine wichtige Rolle in den Ländern, in denen der Theravada praktiziert wird, z. B. Thailand, Burma etc. Indonesien, das einmal ein buddhistisches Land war, folgt heute dem Islam. Bei der Verbreitung der Lehre haben die Buddhisten stets darauf geachtet, dass sie keine Gewalt anwenden. Festgehalten werden muss ferner, dass der Buddhismus sich überall den Gegebenheiten angepasst hat, ohne sich von der Lehre des Buddha zu entfernen.

Viele glauben, dass der Buddha auf Pali gepredigt hat, weil der Kanon des Theravada auf Pali verfasst worden ist. Dies ist jedoch wissenschaftlich nicht bewiesen. Wahrscheinlich sprach Buddha Magadhi, eine Sprache, die in der Gegend von Pataliputra, Rajagriha, Gaya, Benares etc. gesprochen wurde.

Spaltung der Urgemeinde

Um zu verstehen, warum die Mönche einzelne Gruppen bildeten, und warum diese Gruppen im Laufe der Zeit unterschiedliche Interpretationen der Lehre des Buddha entwickelten, so dass aus einer einzigen buddhistischen Gemeinde im Laufe der Zeit mehrere Hauptrichtungen entstanden sind, müssen wir auf die Zeit zurückgehen, als der Buddha noch lebte und predigte.

Zu dieser Zeit war die metaphysische Diskussion in Indien sehr stark verbreitet. Der Buddha meinte jedoch, solche Diskussionen führten nicht zur Erlöschung (nirvana) und antwortete nicht auf metaphysische Fragen. Er legte mehr Wert auf die Praxis und weniger auf die Theorie. Die heiligen Schriften erwähnen diese Fragen. Sie sind: Ob die Welt ewig ist oder nicht, ob die Welt unendlich ist oder nicht, ob ein Buddha nach seinem Tode weiter lebt oder nicht, ob die Seele mit dem Körper identisch ist oder nicht etc. (Madhyamika-karika-vritti). Auch wenn der Buddha sich mit diesen Themen nicht beschäftigen wollte, die Fragen wichen den Mönchen nicht aus den Köpfen. Auch waren die Anhänger Buddhas damit nicht zufrieden, dass der Buddha lediglich ein Lehrer sein sollte. Sie vermuteten in ihm mehr, etwas Übernatürliches. Ferner vermissten die Anhänger Buddhas die Devotion in ihrer Religion, die keinen Gott kennt. Der Buddha selbst konnte zwar durchaus Gott ersetzen, aber seinen Schülern fehlte das großartige Charisma ihres Lehrers. Auch die Tatsache, dass der Buddhismus keine Gnade und Hilfe kannte, die in anderen Religionen üblicherweise von Gott kommen, war für viele Gläubige unbefriedigend. Diese und manch andere Gründe führten dazu, dass die Urgemeinde sich mit diesen Themen beschäftigte und sich letztendlich in mehrere Gruppen teilte. Zunächst waren es nur mehrere Schulen einer einzigen Richtung, nämlich des Theravada (Sanskrit: Sthaviravada) – die Richtung der Ordensältesten. Die heiligen Schriften kennen achtzehn Schulen des Theravada. Dass nicht erst das Mahayana, eine spätere Entwicklung des Buddhismus sich mit den metaphysischen Fragen beschäftigte, sondern dies schon vor der Entstehung des Mahayana geschah, als der gesamte Buddhismus Theravada war, beweisen die heiligen Schriften des Sarvastivada, einer Schule des Theravada. Der Sarvastivada lehrt, da es die frühere Geburt, das gegenwärtige Leben und die Wiedergeburt nach dem Tode gibt, muss doch tatsächlich etwas existieren. Der Sarvastivada existierte in Pakistan und Nordwestindien, wo heute der Islam verbreitet ist. Die Theravada-Schule hat einen großen Einfluss auf das chinesische Mahayana ausgeübt.

Wann genau das Mahayana entstand, ist schwierig zu bestimmen. Die Wissenschaftler sind sich uneinig über das Datum. Viele meinen jedoch, dass das Mahayana schon um das erste Jahrhundert v. Chr. vorhanden war, wenn auch nicht in seiner vollkommenen entwickelten Form. Die heiligen Schriften berichten, dass es beim zweiten Konzil des Ordens (ca. 380 v. Chr.) zwischen den Anwesenden große Meinungsverschiedenheiten gab, worauf viele Mönche sich von den Theras (Sanskrit: Sthaviras) – den Ordensältesten – unabhängig machten und selbst eine Gruppe bildeten. Diese Gruppe nannte sich Mahasanghika – Mitglieder des großen Ordens. Aus dem Mahasanghika ist später das Mahayana entstanden.

Gebet und regelmäßige Versammlung waren von Anfang an wichtige Merkmale des Ordens. Die Caitya-Hallen dienten diesen Zwecken. Caitya-Hallen sind Langräume mit apsidialem Abschluss, in dem ein Stupa steht. Das Bild zeigt eine Caitya-Halle im Felsenklosterkomplex Ajanta, Indien, 3. Jahrhundert. v. Chr. bis 7. Jahrhundert. n. Chr.

Die Konzile

Von buddhistischen Konzilen berichten die Literaturen des Theravada, die chinesischen und die tibetischen Schriften. Die Berichte unterscheiden sich manchmal voneinander. Kurz nach dem Tod des Buddha beriefen die Mönche das erste Konzil der Gemeinde ein, da die Lehre des Buddha, der keine Schriften hinterließ, festgehalten und autorisiert werden musste. Dieses Konzil wurde in Rajagriha (Nordindien) abgehalten. Schon beim zweiten Konzil, das ca. 380 v. Chr. in Vaishali (Nordindien) stattfand, bildete sich die Gruppe der Mahasanghikas. Die Theravada-Tradition berichtet, dass die Meinungsverschiedenheiten sich lediglich auf einzelne Mönchsregeln bezogen, z. B. ob ein Mönch auch am Nachmittag essen, Salz aufbewahren, nach der Mahlzeit Milch trinken darf etc. Die chinesische Tradition berichtet jedoch, dass es dort nicht nur um die oberflächlichen Regeln, sondern auch um die Inhalte ging. Die Liberalen nannten demnach fünf Punkte, die für die Orthodoxen nicht akzeptabel waren. Diese fünf Punkte sind: 1. Ein Arhat – Erleuchteter – könnte unbewusst von Verlockung beeinflusst werden, so dass er schlechte Taten tut. 2. Es ist möglich, dass jemand ein Arhat ist, obwohl er dies nicht weiß. 3. Ein Arhat könne Zweifel über einzelne Punkte der Lehre haben. 4. Man kann ohne einen spirituellen Lehrer die Erleuchtung nicht erlangen. 5. Es ist möglich, dass man während der Meditation ausruft: »Wie traurig« und dadurch spirituell fortschreitet. Die Orthodoxen stimmten gegen diese Punkte. Die Liberalen hielten daraufhin ihr eigenes Konzil ab. König Ashoka berief ca. 250 v. Chr. in seiner Hauptstadt Pataliputra (Nordindien) das dritte Konzil ein, um zwischen den beiden Richtungen zu schlichten. Die Differenzen zwischen den Parteien blieben jedoch erhalten. Das vierte Konzil wurde vom König Kanishka (ca. 70 n. Chr.) in Kashmir (Indien) einberufen. Hier entstanden Kommentare zu der Lehre, die vom Mahayana geprägt waren, obwohl zu diesem Zeitpunkt das Mahayana als eine spezifische Richtung noch nicht auftrat. Die orthodoxen Mönche erkannten dieses Konzil nicht an. Danach fanden keine gemeinsamen Konzile mehr statt.

Welche Differenzen führten zur Spaltung der Urgemeinde in der Zeit zwischen Buddhas Lehre, dem Theravada und dem 1. Jahrhundert n. Chr.? Bestimmen Sie die unterschiedlichen Überzeugungen, soweit sie hier deutlich werden.

3. Die Lehre des Buddha

Das Nicht-Ich (anatma) und die Vergänglichkeit aller Dinge (anitya)

Der Buddhismus glaubt, dass alle Gestalten eine Zusammensetzung aus fünf Aggregaten (skandha) sind. Untersucht man einen Menschen, stellt man fest, dass er ausschließlich aus Körperlichkeit (rupa, die vier Elemente: Erde, Wasser, Feuer und Wind), Empfindung (vedana), Wahrnehmung (samjna), Geistesformation (samskara) und Bewusstsein (vijnana) besteht. Diese fünf Aggregate sind vergänglich. Deshalb ist der Mensch vergänglich. Da der Mensch ausschließlich aus den genannten vergänglichen Aggregaten gebaut ist, enthält er keine Seele, die bekanntlich ewig ist. Der Mensch ist, wie alle anderen Dinge, ein ständiges Werden und Vergehen. Es gibt nichts, das beständig ist. Die Vergänglichkeit aller Dinge spielt eine sehr wichtige Rolle im Buddhismus. Sie wird im Zusammenhang mit dem Leiden (siehe unten) betrachtet. Alles, das entsteht, ist unweigerlich zum Verfall bestimmt. Deshalb lohnt es nicht, sich an irgend etwas oder an irgend jemanden zu hängen. Der Tatsache, dass auch das Leid vergeht und vom Glück abgelöst wird, wird keine Beachtung geschenkt.

Das Karma und die Wiedergeburt

Obwohl ein Lebewesen – d. h. ein Mensch, oder ein Tier oder eine Pflanze – keine Seele hat, wird es nach dem Tode wieder geboren. Wie das neue Leben sich gestalten wird, entscheidet das frühere Karma. Als das Karma bezeichnet der Buddhismus alle Handlungen und Gedanken. Hat man sein Leben tugendhaft verbracht, erwartet einen nach dem Tode ein schönes Leben. Hat man aber ein »sündhaftes« Leben geführt, erwartet einen nach dem Tode ein unangenehmes Leben. Kein Leben ist jedoch unvergänglich, so dass jeder immer wieder die Chance erhält, sich zu verbessern. Dieser Kreislauf, Geburt – Tod –

❖ Was bedeutet es, wenn Buddha das Leben als Leiden begreift? Erörtern Sie diesen Gedanken an verschiedenen psychischen und physischen Phänomen, z.B. der Eifersucht, der Karrierehoffnung, der Suche nach Anerkennung und anderen.
❖ Empfinden Sie den frühen Buddhismus als eine pessimistische Religion?
❖ Buddhisten halten die Übersetzung »Vernichtung« für das Wort Nirvana für nicht treffend. Wie kann man den Begriff genauer fassen?
❖ Beschreiben Sie die Formel von der Abhängigkeitskausalität, wobei die ersten beiden Stufen die Ursachen des gegenwärtigen Lebens im früheren, die beiden letzten die Folgen unseres gegenwärtigen Lebens betrachten.

Wiedergeburt, hat keinen Anfang und endet mit der Erlöschung – dem Nirvana.

Die vier edlen Wahrheiten (arya-satya)

Der Buddha begreift das Leben als Leiden und bietet den Menschen einen Weg, der zur Erlöschung des Daseins führt. Auf dieser Basis stellt er vier Grundwahrheiten fest:
1. alles Leben ist Leiden (duhkha);
2. der Ursprung des Leidens ist das Begehren (trishna);
3. es gibt ein Ende des Leidens (duhkha-nirodha);
4. der von Buddha bestimmte Weg führt zur Erlöschung des Leidens (nirvana).

Warum der Buddha das Leben als Leiden empfindet, wo doch das Leben eine Mischung aus Freude und Leid ist, wird nicht erklärt. Es wird stets behauptet, dass alle psychischen und physischen Phänomene sowie alle Existenzen Leiden ist.
Als Beispiele von Leiden werden genannt: Die Trennung von geliebten Dingen, die Zusammenkunft mit ungeliebten Dingen etc. Alles ist deshalb Leiden, weil alles vergänglich ist.
Wahrheit 2 nennt den Grund, der die Menschen am Dasein festhält. Um diesen Punkt zu erläutern, bedient sich der Buddhismus einer zwölfgliedrigen Formel, die Pratitya-samutpada genannt wird und eine Abhängigkeitskausalität darstellt. Die Formel sagt: Wenn dies gegeben ist, dann ist auch jenes gegeben; und, wenn dies nicht gegeben ist, dann ist auch jenes nicht gegeben. Durch die Vernichtung dieses wird auch jenes vernichtet (Samyukta-nikaya II). Dieser Formelkomplex erklärt, warum ein Mensch oder ein anderes Lebewesen immer wieder geboren wird, d.h. am Dasein verhaftet bleibt. Die Abhängigkeitskausalität ist wie folgt:
1. Die Unwissenheit (avidya) führt dazu, dass 2. man das Karma anhäuft. Das Karma enthält 3. das Bewusstsein (vijnana). Durch das Bewusstsein sind 4. die geistigen und physischen Pänomene (nama-rupa) bedingt. Durch die geistigen und physischen Phänomene sind wiederum 5. die sechs Grundlagen des Bewusstseins (ayatana) bedingt. Durch die sechs Grundlagen des Bewusstseins ist 6. der Kontakt (sparsha) der inneren Organe mit den äußeren Objekten bedingt. Durch den Kontakt ist 7. die Empfindung (vedana) bedingt. Durch die Empfindung ist 8. der Durst (trishna), d.h. die Leidenschaft, bedingt. Durch den Durst ist 9. das Festhalten (upadana), d.h. die Bindung an die fünf Aggregate, bedingt. Durch das Festhalten ist 10. das Werden (bhava), d.h. die Tat, die zur Wiedergeburt führt, bedingt. Durch das Werden ist 11. die Geburt (jati) bedingt. Durch die Geburt sind 12. Alter und Tod bedingt (jara-marana).
Diese berühmte Formel offenbart, dass alles Entstehen bedingt ist und dass der Kreislauf des Werdens keinen Anfang und kein Ende hat. Das gegenwärtige Leben enthält schon die Unwissenheit, sodass nach dem Tod alles wieder von vorn anfängt.
Wahrheit 3 macht Hoffnung und Wahrheit 4 bietet dann die Lösung.
Der Weg, der zum Nirvana führt, heißt der edle achtfaltige Pfad (arya-ashtanga-marga). Dieser besteht aus: rechtem Sehen, rechtem Entschluss, rechter Rede, rechter Tat, rechtem Lebenserwerb, rechter Aufmerksamkeit, rechter Konzentration und rechter Meditation (Vinaya-pitaka I, 10).
Diese Übungen werden in drei Kategorien untergeteilt:
1. Sittlichkeit (shila),
2. Beherrschung des Geistes (samadhi) und
3. Wissen (prajna).

Dieser achtfaltige Pfad bildet das Gerüst der buddhistischen Ethik und wird im Kapitel III: Der Ethische Beitrag erläutert.

Das Nirvana

Alle Richtungen des Buddhismus sind sich einig, dass das Nirvana die Auslöschung des Leidens und der damit verbundenen Wiedergeburt bedeutet. Ob aber das Nirvana auch etwas Positives enthält, darüber gibt es große Meinungsverschiedenheiten. Der Buddha weigerte sich über die Substanz des Nirvana zu diskutieren. Die heilige Schrift Mula-pariyaya-sutta sagt, dass weder über das Nirvana noch über das Erlangen des Nirvana durch eine Person Auffassungen entwickelt werden dürfen, denn dadurch macht man das Nirvana zu etwas, das mit den vergänglichen Dingen eine Beziehung hat. Sagt man, das Nirvana ist die ewige Existenz, dann ist dies eine falsche Aus-

sage; sagt man, das Nirvana ist die Vernichtung, ist dies ebenfalls eine falsche Aussage, denn durch solche Aussagen rückt man das Nirvana – unzutreffenderweise – in den Raum der begrenzten Wahrnehmung. Das Nirvana ist ein beliebtes Thema des Buddhismus, weshalb es in vielen Schriften beschrieben wird. Die heilige Schrift Majjhima-nikaya beschreibt das Nirvana folgendermaßen: Es ist ungeboren, es entsteht nicht, es wird nicht geschaffen, es ist unvergänglich, unsterblich, frei von Krankheiten sowie von Trauer und Unreinheiten. Dasselbe Buch sagt, das Nirvana ist die höchste Perfektion, welche durch die äußerste Ausübung der Meditation erreicht werden kann; das Nirvana ist extrem fein und schwierig zu begreifen oder zu sehen. Die heilige Schrift Sutta-nipata sagt, wie eine Flamme einer Öllampe durch den Wind ausgeblasen wird und es nicht mehr möglich ist, diese Flamme, die eben da war, ausfindig zu machen, so verschwindet ein Erleuchteter, der sich von jeglicher Gestaltung befreit hat, ohne eine Spur zu hinterlassen.
Die Buddhisten sind unzufrieden darüber, dass der Begriff Nirvana traditionell mit »Vernichtung« übersetzt wird. Sie sagen, das Nirvana ist nicht die Vernichtung. Es löscht das Leben und das damit verbundene Leid. Nur in diesem Sinne ist das Nirvana die Auslöschung. Es enthält aber nichts Negatives, das man aber mit dem Begriff Vernichtung verbindet. Das Nirvana befindet sich außerhalb des Fassungsvermögens des Geistes, denn es ist etwas anderes als der Geist (Kathavatthu IX, 7, XIV, 6). Die Frage nach der Entstehung oder Nichtentstehung des Nirvana ist sinnlos, denn es ist beständig, ewig und unveränderlich (Kathavatthu I, 6). Es ist die unbegreifbare transzendentale Wahrheit (Samyutta-nikaya IV).

Versammlung buddhistischer Gottheiten, Thangka aus Sikkim (18. Jh.)

Die zehn Regeln des Geistes

1. Wünsche niemals einen völlig gesunden Körper, denn mit ihm verfälllt man leichter der Begierde.
2. Wünsche niemals ein Leben frei von Beschwernis, denn es ist ein fruchtbares Feld für den Hochmut.
3. Wünsche niemals einen allzu scharfen Verstand bei der Prüfung des Geistes, denn er verschließt sich dem Lernen.
4. Wünsche niemals eine Praxis ohne Störung, denn der Wille würde dann leicht an seinem Ziel irre.
5. Wünsche niemals eine Leichtigkeit des Könnens, denn sie provoziert nur den Leichtsinn.
6. Wünsche niemals eine Bekanntschaft nur des Vorteils wegen, denn die Vorteilssucht würde alles andere verschlucken.
7. Wünsche niemals, dass sich die Menschen nach dir richten, denn der Stolz würde dich blenden.
8. Wünsche niemals die Dankesschuld der Anderen, denn deine Taten würden nur noch von Absichten bestimmt sein.
9. Wünsche niemals die Beteiligung an einem günstigen Geschäft, denn es würde die Verblendung nur verstärken.
10. Wünsche niemals, dich von einer Verleumdung reinzuwaschen, denn das ist nur ein Ausdruck der Ich-Verhaftung.

Deshalb lehrte Buddha:
- Betrachte Krankheit als eine zauberhafte Medizin

Die sechs Arten von Bewusstsein (ayatana): Sehbewusstsein, Hörbewusstsein, Riechbewusstsein, Schmeckbewusstsein, Körperbewusstsein und Geistesbewusstsein

Welche Folgen für Ihre Leben hätte es, wenn Sie sich diese »Regeln des Geistes« zum Grundsatz machten?

- Betrachte das Unglück als eine Erlösung
- Betrachte Unverständnis als eine reizvolle Ermunterung zum Lernen
- Betrachte den Widersacher als spirituellen Freund
- Betrachte Schwierigkeiten mit Freude
- Betrachte Verräter als Hilfsbedürftige
- Betrachte den Gegner als Freund
- Betrachte die geleistete Hilfe als weggeworfene Schuhe
- Betrachte das Loslassen von Gewinnstreben als eine Auszeichnung
- Betrachte den Verruf als Tor zum Dharma.

Wenn wir den Hindernissen als Tatsachen begegnen, werden wir besser über sie hinwegkommen, als wenn wir sie fliehen. Der Buddha erlangte die Erleuchtung auf dem Weg der Überwindung von Hindernissen!

Thich Nhu Dien

4. Die Hauptrichtungen des Buddhismus

Will oder muss jemand ein großes Werk vollbringen, für das ihm selbst die Kraft fehlt, dann bleibt ihm keine andere Wahl, als diese Kraft bei Buddha zu suchen.
Thich Nhu Dien

Theravada

Der Theravada (Sanskrit: Sthaviravada) – die Richtung der Ordensältesten – wird auch das Hinayana – das kleine Fahrzeug – genannt. Die Theravadins selbst benutzen jedoch diesen Begriff nicht, da sie hinter ihm Spott vermuten. Der Begriff Hinayana wurde von der Richtung Mahayana – das große Fahrzeug – eingeführt. Das Mahayana bezeichnet den Theravada als das kleine Fahrzeug, weil laut Theravada jeder sich selbst mit Hilfe von Buddhas Lehre seine eigene Erleuchtung erarbeiten muss, wobei laut Mahayana die Bodhisattvas sich für die Erleuchtung aller Lebewesen verantwortlich fühlen und dafür arbeiten.

Der Theravada versucht die Lehre Buddhas möglichst unverändert zu praktizieren, obwohl einige Schulen dieser Richtung sich für metaphysische Fragen sehr interessieren und Theorien entwickelt haben, die man in der Lehre Buddhas nicht findet. Zum Beispiel meinte die Sarvastivada-Schule, da es die Vergangenheit, Gegenwart und Zukunft gibt, müsste auch etwas existieren, und meinten, dass alles existiert. Aus dieser Schlussfolgerung nannten sie ihre Richtung Sarvastivada: Sarva – alles, asti – existiert, vada – Lehre. Diese Schule, die sich in Kashmir, Punjab, Pakistan verbreitete, gibt es heute nicht mehr. Die Bemühung, sich in keine metaphysische Diskussion einzulassen und ganz einfach der Lehre Buddhas zu folgen, vermochte die neuen Entwicklungen nicht zu verhindern.

Das Kloster Nirvana-Vihara, Bali

Deifizierung des Buddha

Obwohl führende Mönche des Ordens betonten, dass der Buddha ein Lehrer und kein Gott war, ist mit der Zeit der Buddha für seine Anhänger Gott geworden, der zwar kein Schöpfer ist, aber auf die Gebete hört, die Menschen aus schwierigen Lagen befreit und sie vor Gefahren und Krankheiten schützt. Die Samen der Deifizierung sind schon in den frühen heiligen Schriften zu finden. Der Kanon behauptet, dass der Buddha übernatürliche Kräfte besaß und unfehlbar war. Auf die Frage, ob der Buddha nach seinem Tode existiert, wird geantwortet, das Wesen des Buddha ist nicht fassbar. Die heiligen Schriften nennen den Buddha auch Tathagata – von dort gekommen, aber auch: dort angekommen. Der berühmte Kommentator Buddhaghosha, der in Indien geboren war und in Sri Lanka gelebt hat, spricht von mehreren Tathagatas, die denselben Lebenslauf hatten wie der historische Buddha.

Arhat

Der Theravada meint, jeder Mensch ist in der Lage, das Nirvana zu erreichen. Menschen, die dieses erreicht haben, werden Arhats genannt. Es gibt zwei Wege, die zum Nirvana führen. Der erste ist der Weg der Meditation und der zweite der Weg des Studiums und Wissens. Ein Wahrheitssucher, der den ersten Weg geht, wird Anhänger des Glaubens (saddha-anusari) und der, welcher den zweiten Weg geht, wird Anhänger der (Schriften der) Lehre (dhamma-anusari) genannt. Der Erste verlässt sich vollkommen auf seinen spirituellen Lehrer und die drei Juwelen – den Buddha, seine Lehre und den Orden – und meditiert intensiv. Dieser Weg legt den Schwerpunkt auf die Reinigung des Gedanken. Der Zweite studiert das Sutra-pitaka und das Abhidharma-pitaka und versucht ihre philosophischen Aussagen zu begreifen. Dieser Weg legt den Schwerpunkt auf den Intellekt. Wenn sie das Nirvana erreicht haben, besteht kein Unterschied zwischen den beiden, denn wenn der Gedanke nicht vollkommen gereinigt ist und das perfekte Wissen nicht vorhanden ist, kann die Erleuchtung nicht erreicht werden. Die Standardbeschreibung der Arhats in den heiligen Schriften des Theravada lautet: Nachdem ein Mönch seine Unreinheiten beseitigt hat, erreicht er das Nirvana in diesem Leben durch das Erlangen des höheren Ziels, das aus der Emanzipation des Geistes und Erlangung des Wissens besteht. Jeder Mensch fängt seine spirituelle Karriere als gewöhnlicher Mensch (prithagjana) an und beendet diese als Arhat. Der Arhat war ein einsamer Mönch, der entschlossen und zielstrebig für seine eigene Erlösung gearbeitet hat, ohne sich von den Geschehnissen der Welt ablenken zu lassen. Mit der Erlangung des Nirvana hat dieser Mönch sein Ziel erreicht.

Mahayana

Das Mahayana gilt als die liberale Richtung des Buddhismus. Die Richtung nennt sich Mahayana – das große Fahrzeug –, weil im Fahrzeug (yana) dieser Richtung mehrere Lebewesen einen Platz finden. Im Gegensatz zum Theravada, der betont, dass jeder Einzelne ganz alleine seine eigene Erlösung erarbeiten müsse, bietet das Mahayana kollektive Erlösung durch die Bodhisattvas. Der offene Geist des Mahayana ließ viele Entwicklungen zu, welche die ursprüngliche Lehre ergänzten und bereicherten. Die Großzügigkeit des Mahayana ist bis heute noch erhalten geblieben und ermöglicht weiterhin die Integration neuerer und fremder Gedanken. Unten werden die wichtigsten Aspekte des Mahayana vorgestellt.

Die Buddhas

Das Mahayana begreift den Buddha als Gott, der über die Welt waltet ohne diese erschaffen zu haben. Durch das Nirvana ist er nicht erloschen, sondern existiert weiterhin und hört auf die Gebete. Er schützt die Gläubigen vor Unglück und Krankheit. Obwohl jeder sein

Die Hauptrichtungen des Buddhismus sind der Theravada und das Mahayana. Das Vajrayana entwickelte sich aus dem Mahayana und gilt mittlerweile wegen seiner Besonderheiten als dritte Richtung. Im Laufe der Zeit entstanden verschiedene Schulen innerhalb dieser Richtungen, wovon das Zen, eine Mahayana-Schule in Deutschland gut bekannt ist. Das Theravada hat sich in Burma, Kambodscha, Laos, Sri Lanka und Thailand durchgesetzt. Das Mahayana wird in China, Japan, Korea, Mongolei und Tibet praktiziert. In Vietnam begegnet man beiden Richtungen.

- *Worin unterscheiden sich die beiden großen Richtungen des Buddhismus, der Theravada (vgl. S. 23–27) und das Mahayana (vgl. S. 27–33)?*
- *Aus welchen Gründen wurden die neuen Elemente vom Mahayana-Buddhismus eingefügt?*

Die fünf transzendenten Buddhas

Neben dem historischen Buddha kennt der Buddhismus fünf transzendente Buddhas, die als Dhyani-buddhas bezeichnet werden. Im Mahayana spielen diese eine wichtige Rolle.

Eigennamen	Elemente	Himmelsrichtung	Hauptfarben	Eigenschaften	Gefährtinnen
Vairocana	Äther	Zentrum	Weiß	Herrschaft	Weiße Tara
Akshabhya	Wasser	Osten	Blau	Zuverlässigkeit	Locana
Ratnasambhava	Erde	Süden	Gelb	Mitgefühl	Mamaki
Amitabha	Feuer	Westen	Rot	Licht	Pandara
Amogha siddhi	Luft	Norden	Grün	Furchtlosigkeit	Grüne Tara

Der Baum steht für den Bodhi-Baum, unter dem Buddha die Erleuchtung erlangt. Der leere Sitz symbolisiert Buddha selbst, der in der frühen Zeit des Buddhismus noch nicht als Mensch dargestellt wurde (siehe S. 9); Relief aus Bharhut (Indien), 2. Jh. v. Chr.

∴ *Vergleichen Sie die Erlösungsmöglichkeiten, die sich aus dem Boddhisattva-Glauben ergeben, mit dem Weg, den der Theravada dem Menschen aufgibt.*

altes Karma ausleben muss, kann er im Einzelfall Gnade üben. Eine Opfergabe vor dem Buddhabild und Gebete an ihn sind gute Taten (karma), die entweder in diesem oder im künftigen Leben fruchten. Neben dem historischen Buddha gibt es andere unzählige Buddhas in unzähligen Welten. In jeder Welt herrscht ein Buddha, der von einem Bodhisattva (siehe unten) oder von mehreren Bodhisattvas umgeben ist. Auch Götter und Heilige wohnen in diesen Welten. Die Buddhas und Bodhisattvas sind barmherzig und bekehren die Wesen in den ihnen zugehörigen Welten. Bei Bedarf erscheinen sie gleichzeitig in verschiedenen Welten in verschiedenen Gestalten.

Das Mahayana spricht von drei Körpern der Buddhas. Diese sind: Dharmakaya, Sambhogakaya und Nirmanakaya. Der Dharmakaya – der Körper der Lehre – ist die Lehre des historischen Buddha. Mit dem Sambhogakaya – Genusskörper – regiert ein Buddha in seiner Welt. Den Nirmanakaya – Erscheinungskörper – benutzt ein Buddha, um zu lehren und bekehren. Dies alles können die Buddhas, weil sie weise und perfekt sind.

Neben den Buddhas und Bodhisattvas gibt es den Adi-Buddha, den unanfänglichen ewigen Buddha, der die Urquelle des kosmischen Geistes und des Vorstellungsvermögens ist. Aus ihm entstehen die fünf Dhyani-Buddhas, die Personifikationen verschiedener Aspekte des Adi-Buddha und die »Schöpfer« des Universums. Die fünf Dhyani-Buddhas sind: Virocana, auch Vairocana genannt, Akshabhya, Ratnasambhava, Amitabha und Amoghasiddhi (siehe Tabelle S. 27).

Die Bodhisattvas

Bodhisattvas sind Wesen, die zwar in der Lage wären, bald oder sofort das Nirvana zu erreichen, aber freiwillig darauf verzichten, weil sie mit allen Lebewesen großes Mitleid empfinden und diese befreien möchten. Gingen die Bodhisattvas ins Nirvana ein, könnten sie Menschen, Tieren und Pflanzen nicht mehr predigen und sie bekehren oder ihnen durch das Eigenverhalten ein Beispiel sein. Dieses unermessliche Mitleid mit den Leidenden zeichnet die Bodhisattvas, die mit ihrem eigenen Nirvana warten, bis der Letzte die Erleuchtung erlangt hat, aus. Die heilige Schrift Shikshapada meint, die Bodhisattvas sollen sich stets für die Lebewesen engagieren. Sie sollen Reichtum gewinnen und diesen verschenken. Sie sollen hunderte und tausende Roben, Bettelschalen und Decken aus Seide sammeln. Wenn sie fehlen, dies zu tun und sich unverbindlich verhalten, verstoßen sie gegen die Regeln. Die Bodhisattvas befinden sich außerhalb des Gesetzes des Karma. Die zehn Merkmale der Bodhisattvas sind: Freigebigkeit, Sittlichkeit, Geduld, Mut, Meditation, metaphysisches Wissen, geschickte Methoden, Gelübde, Kraft und Wissen. Von unzähligen Bodhisattvas sind einige besonders wichtig. Als Beispiel könnte man Amitabha, dessen Licht und Lebzeiten unermesslich sind, sowie Maitreya, der im Tushita-Himmel auf die Wiedergeburt in dieser Welt wartet, und Manjushri, der Bodhisattva der Weisheit, nennen. Der Bodhisattva Amitabha wird auch Amitayus sowie Amida genannt. Von vielen Mahayanisten wird der Bodhisattva Amitabha mit dem christlichen Gott verglichen, wobei festgehalten werden muss, dass Bodhisattva Amitabha nicht der Schöpfer der Welt ist. Er ist die reine Personifikation der Liebe (karuna) und bewohnt das himmlische reine Land, das Sukhavati – das Land der Glückseligkeit – genannt wird. Amitabha liebt sowohl die Guten als auch die Bösen. Sogar der böseste Mensch wird nach seinem Tode von Amitabha in seinen Himmel geholt, wenn dieser in seinen letzten Minuten fest an Amitabha glaubt und sich vollkommen auf ihn konzentriert. Dann werden dem »Sünder« seine schlechten Taten verziehen und er wird im Sukhavati-Himmel ein glückseliges Leben führen. Der Bodhisattva Amitabha nimmt keinen Einfluss auf die Entscheidung und Handlung der Menschen auf der Erde. Jedoch bewirkt der Glaube an ihn Wunder in deren Herzen und verwandelt sie zu tugendhaften Menschen. Der Glaube an den Bodhisattva Amitabha beendet alles Leiden, denn nach dem Tod ist der Einzug in das himmlische reine Land gesichert.

Die Buddha-Natur

Das Mahayana behauptet, dass es etwas wie die Buddha-Natur gibt. Die Buddha-Natur ist das substanzielle Bewusstsein, sie ist tugendhaft und stets rein. Die Buddha-Natur wird Tathagata-garbha (wörtl.: die Buddha-Gebärmutter) genannt. Die Theorie der Buddha-Natur ist in Indien entstanden, als der Buddhismus dort verbreitet war. Später entwickelten die Buddhisten in verschiedenen Ländern ihre eigenen Theorien, die sich hier und da voneinander unterschieden, wobei der Grundaussage der ursprünglichen Texte nicht widersprochen wurde. Die Theorie behauptet, dass alle Lebewesen, sowohl die Guten als auch die Bösen, die Buddha-Natur besitzen. Demnach sind auch die Bösen in ihrem Wesen nicht etwas anders als der Buddha selbst (Tathagata-garbha-sutra). Alle Lebewesen beherbergen in sich das Buddha-Sein, die Erleuchtung; sie sind in ihrer innersten Natur rein, befinden sich jedoch anscheinend in einem unklaren dunklen befleckten Zustand. Die Erleuchtung besteht darin, dass die Lebewesen die Flecken entfernen, damit ihre wahre Natur, die Buddha-Natur, zum Vorschein kommt. Da alle Lebewesen in sich die Buddha-Natur beherbergen, sind sie alle potenziell in der Lage, Buddha zu werden. Hier unterscheidet sich das Mahayana vom Theravada, der behauptet, dass ein Lebewesen zwar das Nirvana erreichen und ein Arhat werden kann, es jedoch niemals in der Lage ist, der Buddha zu werden. Mit der Theorie der Buddha-Natur stellt das Mahayana die Lebewesen dem Buddha gleich, wobei der Theravada den Lebewesen einen niedrigeren Platz einräumt als dem Buddha.

Bodhi – die Erleuchtung

Die Bodhi – die Erleuchtung – ist die höchste Wahrheit, die letzte Wirklichkeit. Sie ist das unwandelbare Absolute, die allem zugrunde liegende Vollkommenheit. Sie ist unzerstörbar und befindet sich jenseits aller Unterscheidungen. Sie ist die wahre, reine, alldurchdringende Erkennntis der Buddhas. Sie befindet sich jenseits aller Ausdrucksmöglichkeiten, aller vom Verstand erzeugten Gedankengebilde.

Shunya – die Leere

Shunya – Leere (bzw. Shunyata – Leerheit) ist einer der wichtigsten Begriffe des Mahayana, der von Nagarjuna (ca. 125 n. Chr.) systematisiert wurde. Obwohl das Sanskritwort Shunya wörtlich Leere heißt, bedeutet es keineswegs »Nichts«, sondern etwas Absolutes bzw. Transzendentes. Mit der Aussage: »Alle Dinge seien leer« wird keine nihilistische Weltanschauung vertreten; vielmehr wird damit auf eine letzte Wirklichkeit hingedeutet, die sich nicht in die Kategorien der Logik einordnen lässt. Die Bedingtheit aller Dinge weist auf etwas gänzlich Unbedingtes, Absolutes, das alle kausalen Bestimmungen überschreitet. Dem Absoluten kann kein Attribut gegeben werden, da es dann nicht mehr absolut wäre. Das Absolute wohnt zwar allen konkreten Einzeldingen inne, ist aber selbst nicht bestimmbar. Dies erklärt, warum die heilige Schrift Maha-prajna-paramita-sutra von der Negation spricht.

Nagarjuna erläutert in seinem Kommentar die achtzehn Arten der Leere bzw. Negation, die im genannten Sutra vorkommen. Die Darstellung weist auf die Ich-Losigkeit aller Lebewesen und auf die Relativität der äußeren und inneren Dinge hin und stellt fest, dass ein Staubkorn übrigbleibt, wenn alles leergefegt ist. Dieses Staubkorn ist die höchste Wahrheit, es ist unzerstörbar. Es wird Leere bzw. die Leerheit genannt, weil es nicht beschrieben werden kann. Dieses Staubkorn, das sich jenseits aller Möglichkeiten der Benennung, jenseits der endlosen Kette des Bedingtseins befindet, ist das Nirvana, die absolute Leere. Die Prajna – das Wissen –, nicht jedoch der In-

In Bodhgaya (Indien), wo der Buddha seine Erleuchtung erfuhr, gibt es eine Statue des Bodhisattva Avalokiteshvara. Auch von dieser Statue werden wundersame Geschichten über den Beweis ihrer Heiligkeit erzählt. So heißt es: Wer einen Wunsch habe, der möge die Augen schließen und ungefähr fünf Meter von der Statue entfernt stehen bleiben und seinen Wunsch in Gedanken formulieren. Ob der Wunsch dann erfüllt werde, könne man daran erkennen, ob die wünschende Person ohne Mühe die Statue erreicht.

Thich Nhu Dien

tellekt, erfasst alle Seiten der Leere. Tathata – das Sosein – ist ein Synonym für die Leere. Der Buddha wird auch Tathagata – der im Sosein Angekommene – genannt.

Nāgārjuna (ca. 125 n. Chr.)

Das Leben Nāgārjunas, des Begründers der ersten philosophischen Schule des Mahāyāna, der Schule der Mādhyamika, ist so von Legenden überwuchert, dass es schwer fällt, einen historischen Kern herauszuschälen. [...] Wenn wir der Überlieferung trauen dürfen, so war seine Heimat Vaidarbha, das heutige Berar in Mittelindien. Den größten Teil seines Lebens scheint er aber in Südindien, im Andhra-Reich, verbracht zu haben, wo er sich der Gunst und Freundschaft eines der letzten Könige aus dem Hause der Sātavāhana erfreute. Die letzten Tage seines Lebens verweilte er auf dem Śriparvata am Ufer der Krishna. [...]

Allgemein gilt als sein Werk das Grundwerk der Madhyamaka-Schule, die Madhyamakārikā (»Merkverse der Mittleren Lehre«). Daneben steht eine Anzahl von Werken, deren Echtheit höchst wahrscheinlich ist. [...]

Systematisch zusammengestellt ergeben die von ihm vertretenen Anschauungen etwa folgendes Bild. Sein Hauptziel ist der Nachweis der Unwirklichkeit der Außenwelt. Und zwar setzt er an Stelle der bloßen Behauptungen [...] regelrechte Schlussfolgerungen, indem er mit kühner Logik zeigt, dass die gewöhnlichsten Begriffe des täglichen Lebens unmöglich sind, und dass die Erscheinungswelt, wie sie sich uns darstellt, eben weil sie auf diesen Begriffen beruht, unmöglich ist. In seinem Hauptwerk, der Madhyamakakārikā, schüttet er eine ganze Fülle solcher Schlussfolgerungen vor dem Leser aus, so dass sie zunächst verwirrend wirken. Aber trotzdem fehlt es nicht an einem Kern fester Anschauungen, der dieser verwirrenden Fülle zugrunde liegt. Vor allem hat Nāgārjuna für das Wesen der Erscheinungswelt eine bestimmte Grundanschauung festgelegt. [...] Nāgārjuna setzt dafür das abhängige Entstehen (pratītyasamutpādah). Schon seit der Zeit des Buddha hatte bei der Betrachtung der Außenwelt ihre Vergänglichkeit im Vordergrund gestanden. Man sah das Wesen der Welt vor allem im ständigen Werden und Vergehen, das durch das Gesetz des abhängigen Entstehens beherrscht wird. Und so erschien für Nāgārjuna eben dieses Gesetz des abhängigen Entstehens als die geeignete Formel, um das Wesen der Erscheinungswelt auszudrücken. Und daher bezog er auch seine Schlussfolgerungen auf dieses abhängige Entstehen.

Was die Begriffe betrifft, auf denen unsere Auffassung der Erscheinungswelt beruht und deren Unmöglichkeit Nāgārjuna nachzuweisen sucht, so [...] wählt [er] mit Vorliebe gegensätzliche Begriffspaare. Das abhängige Entstehen ist für ihn unwirklich, weil die entgegengesetzten Möglichkeiten des Werdens und Vergehens, der Ewigkeit und der Vergänglichkeit usw. beide nicht zutreffen. Die wahre Lehre besteht vielmehr in der Ablehnung beider Gegensätze, im mittleren Weg. Damit knüpft

Alle Daseinsfaktoren – Körperliches, Empfindungen, Unterscheidungen, Triebkräfte und Bewusstseinsakte – sind nur in Abhängigkeit voneinander und deshalb nicht wesenhaft, bestimmungslos, leer. Was bedeutet dieser Gedanke Nagarjunas und welche Konsequenzen ergeben sich hieraus für »die Erlösung«?

Nagarjuna

Nāgārjuna an die Verkündigung des Buddha an, der seine Lehre selbst als mittleren Weg bezeichnet hatte, und erhebt den Anspruch, die echte Lehre des Buddha zu verkünden. Und deshalb heißt sein System auch die mittlere Lehre, Madhyamakadarśanam.

Die grundlegende Schlussfolgerung, von der er ausgeht, soll zeigen, dass weder ein Entstehen noch ein Vergehen möglich ist. Dann folgt eine lange Reihe ähnlicher Schlussfolgerungen, die zunächst verwirren und fast betäuben. Bei näherer Betrachtung zeigen sich aber auch hier feste Grundanschauungen, die immer wiederkehren. Eine dieser Anschauungen, mit der Nāgārjuna mit Vorliebe arbeitet, ist die Relativität der gegensätzlichen Begriffe. Solche Begriffe sind nämlich gegenseitig voneinander abhängig, weil das eine nur möglich ist, wenn auch das andere gegeben ist. Daraus folgert Nāgārjuna aber, dass es die entsprechenden Dinge nicht wirklich geben kann, weil das Vorhandensein eines jeden immer bereits das Vorhandensein des anderen voraussetzt. Eine Ursache ist z. B. im Hinblick auf eine Wirkung Ursache. Es kann daher keine Ursache geben, solange die Wirkung nicht vorhanden ist. Ohne Ursache gibt es aber auch wieder keine Wirkung. […]

Noch wichtiger ist der von Nāgārjuna eigenartig entwickelte Begriff des eigenen Wesens (svabhāvah). Eigenes Wesen bedeutet nach Nāgārjuna, der indischen Wortbedeutung entsprechend, ein Sein aus sich selbst und nur durch sich selbst bedingt, unabhängig von allem andern. Daraus folgt aber, dass ein solches eigenes Wesen nicht entstanden ist, weil es nicht verursacht sein kann, und dass es nicht dem Vergehen unterworfen ist, weil sein Bestehen von nichts anderem abhängt. Es ist daher ewig und unvergänglich. Und so folgert denn Nāgārjuna, dass die Dinge der Erscheinungswelt, weil sie dem ständigen Werden und Vergehen unterliegen, kein eigenes Wesen besitzen können. Sie sind also wesenlos, d. h. unwirklich.

Diese Begründung der Unwirklichkeit der Dinge ermöglicht ihm gleichzeitig, das Wesen der Erscheinungswelt, wie er sie sieht, schärfer zu erfassen. Die Unwirklichkeit der Erscheinungswelt bedeutet nicht, dass sie nicht ist. Sie ist nur nicht wesenhaft. Damit rückt eine Bestimmung in den Vordergrund, welche […] für Nāgārjuna zum entscheidenen Ausdruck für das Wesen der Erscheinungswelt wurde, die Leerheit (śūnyatā). Die Dinge der Erscheinungswelt sind leer, wesenlos.

Wir können daher weder sagen, dass die Dinge sind, noch, dass sie nicht sind. Beides ist fehlerhaft. Beides sind Gegensätze. Die Wahrheit liegt in der Mitte, im mittleren Weg, in der Leerheit.

Diese Beschaffenheit macht aber die Erscheinungswelt, wie wir sie sehen, überhaupt erst möglich. Wenn die Dinge ein eigenes Wesen besäßen, könnten sie, wie gesagt, weder entstehen noch vergehen. Erst durch ihre Un-

Druckfehler: gleiche Frage S. 35

Welche Elemente fügen das Vajrayana und der Zen-Buddhismus dem Buddhismus hinzu?

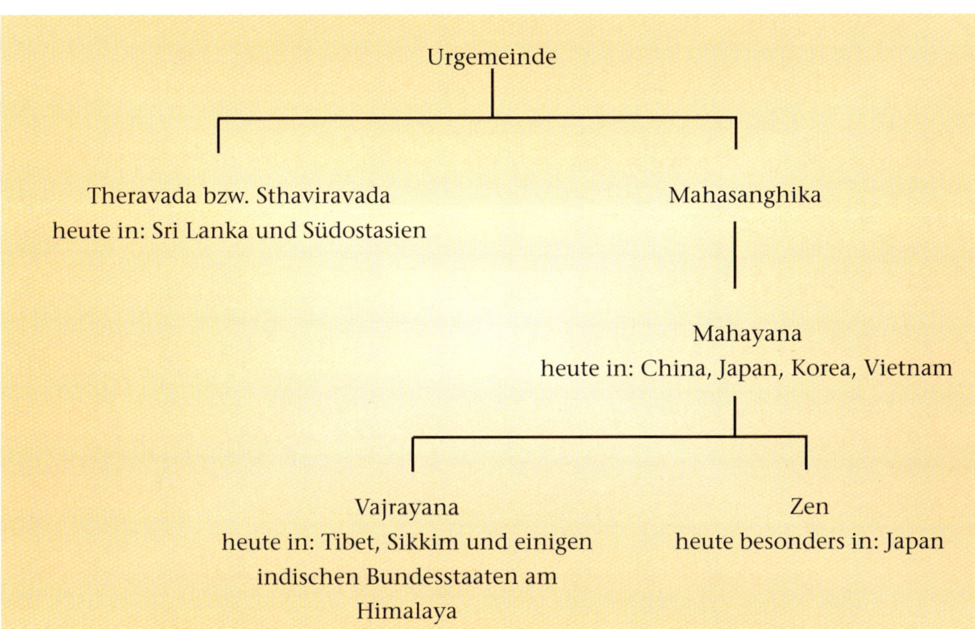

wirklichkeit kann der ganze Weltlauf nach dem Gesetz des abhängigen Entstehens abrollen. Die Erscheinungswelt besteht also, und sie besteht nach ihren eigenen festen Gesetzen. Es kommt ihr somit auch eine gewisse Wahrheit zu, allerdings keine Wahrheit im Sinne der höchsten Wirklichkeit, sondern eine beschränkte Wahrheit (samvrtisatyam). Und im Sinne der beschränkten Wahrheit hat das Weltgeschehen und vor allem auch der buddhistische Erlösungsweg und die Verkündigung des Buddha seine Gültigkeit. Denn vom Standpunkt der höchsten Wahrheit (pāramarthasatyam), welche ausschließlich für die höchste Wirklichkeit zutrifft, gibt es weder einen Buddha, noch eine Lehre, noch eine Gemeinde, da diese alle der Erscheinungswelt angehören.

Noch eine zweite Anschauung über das Wesen der Erscheinungswelt ist zu erwähnen, welche bei Nāgārjuna zwar noch nicht zur vollen Geltung kommt, aber zum erstenmal bedeutungsvoll auftritt. Das Wesen der Erscheinungswelt ist die Vielfalt (prapañcah) [...]. Die Welt der Abhängigkeit baut auf der Mannigfaltigkeit auf, welche durch die Vielfalt gegeben ist. Vor allem aber beruhen auf der Vielfalt alle unsere Vorstellungen, welche uns die Erscheinungswelt vortäuschen, auf die höchste Wirklichkeit aber nicht zutreffen, weil diese von jeder Vielfalt frei ist. [...]

Was die höchste Wirklichkeit betrifft, so hat Nāgārjuna über sie weniger Neues und Eigenes zu sagen als über die Erscheinungswelt. Vor allem vermeidet er die [...] positiven Ausdrücke und Benennungen. Er spricht [...] nur vom Erlöschen, dem Nirvāna. Dieses ist ohne Entstehen und Vergehen, ohne Aufhören und auch nicht ewig. Und vor allem ist es weder seiend noch nicht seiend, da Sein und Nichtsein als gegensätzliche Begriffe der Welt der Abhängigkeit angehören. Ferner ist das Nirvāna frei von jeder Vielfalt, bietet also unseren Vorstellungen keine Grundlage und ist daher unvorstellbar und unausdrückbar. In ihm ist somit die Mannigfaltigkeit der Erscheinungen und das Gesetz des abhängigen Entstehens aufgehoben. Es ist von Natur aus friedvoll (śāntam).

Auf diese Weise ergeben sich aber über das Nirvāna die gleichen Aussagen wie über das Wesen der Erscheinungswelt. Und so kommt Nāgārjuna [...] dazu, die Einheit der Erscheinungswelt und des Nirvāna zu behaupten. Dieselben Bestimmungen, welche für das Wesen der Dinge (dharmatā) gelten, gelten auch für das Nirvāna. Nirvāna und Erscheinungswelt sind gewissermaßen nur zwei Erscheinungsformen desselben Wesens. Was in der Bedingtheit und Abhängigkeit die Erscheinungswelt darstellt, das ist frei von der Bedingtheit und Abhängigkeit das Nirvāna. Und Nāgārjuna scheut sich nicht, diese Wesensgleichheit aufs nachdrücklichste und schärfste zu betonen. Die Erscheinungswelt und das Nirvāna sind ein und dasselbe. Es be-

Der Lotus ist ein beliebtes Motiv der buddhistischen Kunst. Er symbolisiert die Reinheit.

steht zwischen ihnen nicht der geringste Unterschied. Daraus folgt aber auch, dass das Nirvāna nichts Getrenntes für sich ist, das man erlangt, indem man sich von der Erscheinungswelt befreit. Es besteht vielmehr nur darin, dass man den Trug der Erscheinungswelt nicht mehr wahrnimmt, indem die Vielfalt, auf die sie sich gründet, zur Ruhe kommt.

Damit ist gleichzeitig auch gesagt, worin nach der Lehre Nāgārjunas die Erlösung besteht. Es bleibt nur noch kurz hinzuzufügen, wie sich der Erlösungsvorgang innerhalb der Erscheinungswelt darstellt. Diese Frage hat Nāgārjuna recht einfach gelöst. [...] Nāgārjuna sagt nun, dass mit der Aufhebung der Vielfalt, wie sie sich aus der Leerheit aller Dinge ergibt, allen Vorstellungen, welche sich mit den Dingen der Erscheinungswelt beschäftigen, die Grundlage entzogen ist. Damit wird aber auch der Glaube an ein Ich hinfällig und mit ihm schwindet die Wirksamkeit der Werke und die Wiedergeburt findet ein Ende. Somit ist letzten Endes die Erkenntnis der Leerheit aller Dinge die Ursache der Erlösung und sie gibt den Anstoß zum Abrollen des Erlösungsvorganges, wie man ihn sich bisher vorgestellt hatte.

Das sind in den Grundzügen die Anschauungen Nāgārjunas, wie sie sich aus der Darstellung der Madhyamakakārikā ergeben.

Erich Frauwallner

Vajrayana

Das Vajrayana wird hauptsächlich in Tibet und anderen Regionen im Himalaya praktiziert. Das Vajrayana wird auch Mantrayana genannt, weil die Mantras in dieser Richtung eine wichtige Rolle spielen. Der Begriff Mantra wird im Westen als Zauberformel, magische Silben etc. übersetzt, was die Buddhisten für falsch halten. Ein Mantra wird zu verschiedenen Anlässen rezitiert, z. B. zum Gebet, bei der Meditation, während der Verehrungszeremonie vor dem Altar etc., und hat eine mystische Bedeutung, welche nur der Eingeweihte kennt. Ein weiterer Name des Vajrayana ist Tantrayana, da es tantrische Rituale praktiziert. Das Vajrayana hat religiöse Bräuche, die vor der Einführung des Buddhismus in Tibet praktiziert wurden, absorbiert. Die heiligen Schriften des Vajrayana erzählen: Ein Jahr, nachdem der Buddha die Erleuchtung erlangte, erschien er in der inneren Hälfte eines Stupas in Shri Parvata, Indien und predigte das Vajrayana vor überirdischen Wesen.

Das Vajrayana ist von Mystik geprägt, weshalb es im Westen lange als »Schamanismus« bezeichnet wurde. Es entwickelte eine besondere Theorie der Wiedergeburt des religiösen Oberhauptes, der Lama genannt wird. Ein Lama ist nach seinem Tod in einem Kind wieder aufzufinden. In einem Kind werden Anhaltspunkte festgestellt, die andeuten, dass der verstorbene Lama als dieses Kind wiedergeboren ist. Die Mönche des betreffenden Klosters prüfen dann das Kind. Zum Beispiel werden vor diesem Kind Gegenstände verschiedener Leute ausgebreitet. Das Kind muss genau die Gegenstände aussuchen, welche dem Verstorbenen gehörten. Besteht es die gesamte Prüfung, wird es als die Reinkarnation des verstorbenen Lama deklariert. Die Eltern haben danach keinen Anspruch mehr auf ihr Kind, sind jedoch in der Gesellschaft hoch angesehen. Das Kind wird nun im Kloster ausgebildet und erzogen. Ein Lama kann schon zu seinen Lebzeiten das Land bestimmen, in dem er wiedergeboren werden möchte oder auch nicht. Der 14. Dalai Lama gab im Februar 2002 bekannt, dass er nicht im besetzten Tibet wiedergeboren wird.

Eine weitere Besonderheit des Vajrayana ist der Kult des Mandala. Ein Mandala ist ein Kreis mit Außenräumen, Wänden und Umfeld, der das Zentrum umgibt. Mandalas können aus Metall, Blumen, Farben, Sand etc. hergestellt werden. Mandalas, die aus Blumen, Pulver oder Sand hergestellt werden, werden am Ende des Rituals völlig zerstört, wogegen die gemalten Mandalas aufbewahrt werden dürfen. Jedes Mandala ist ein heiliger Tempel eines Gottes oder mehrerer Götter, wobei der Gott bzw. die Götter im Mandala eingeweiht werden. Häufig stellen mehrere Mönche ein Mandala her, zerstören dasselbe jedoch, sobald dieses fertiggestellt ist. Es geht hier darum, dass die Mönche eine Gottheit nach außen projizieren. Die Gottheit wird zunächst im eigenen Körper vergegenwärtigt; dann wird diese nach außen projiziert, mit Sinnesorganen und Geist aufgenommen und schließlich wieder in der metaphysischen

Fragment einer viel größeren Bildrolle aus dem 13./14. Jahrhundert n. Chr., das eine der Hauptlehren des Zen zeigt: die Ablehnung des Bilderkultes. Der Abt eines Klosters tadelt einen Mönch, weil er eine Buddhastatue verbrennt, um sich die Finger zu wärmen. Der Mönch verteidigt sich mit der Bemerkung, dass die Statue nur ein Stück Holz sei.

Existenz, aus der die Gottheit entstanden ist, aufgelöst. Dieser Prozess kann auch symbolisch in der Meditation vollzogen werden. Die Herstellung des Mandala wird mit der Rezitation der Mantras begleitet. Es gibt auch rituelle Tänze, die ein Mandala herstellen und zerstören.

Der allgegenwärtige Mantra des Vajrayana lautet: Om mani padme hum. Die erste Silbe Om enthält drei Buchstaben, a, u und m, die jeweils den Körper, die Rede und den Gedanken sowohl des Rezitierenden als auch des Buddhas symbolisieren. Ferner deutet Om daraufhin, dass diese drei Dinge der Rezitierenden zu den drei Dingen des Buddhas erhoben werden können. Das Wort Mani – Juwel – symbolisiert den Weg, der zum Buddhasein führt. Das Wort Padme – Lotus – symbolisiert Weisheit. Der Lotus, der im Schlamm wächst, entwickelt sich zu einer schönen Blume. Auch der Mensch mit seinem vergänglichen Körper, seiner Rede und Gedanken kann sich zum Buddha entwickeln. Die Silbe Hum deutet darauf hin, dass die Erleuchtung durch die Kombination von Methode und Weisheit erreicht werden kann. Der Mantra Om mani padma hum sagt, dass man die Erleuchtung nicht draußen, sondern in sich selbst suchen soll. Auch wenn dieser Mantra metaphysische Bedeutung hat, wird er doch von vielen Gläubigen als ein Gebet aufgefasst und in diesem Sinn rezitiert. Man findet den Mantra auf Steinen, Fahnen und Ähnlichem gemalt in der Nähe des Tempels oder auch am Straßenrand an den Orten, wo das Vajrayana praktiziert wird.

Zen

Das Zen wurde vom indischen Mönch Bodhidharma in China gegründet. Die Wissenschaftler sind über das Datum dieses Geschehens uneinig. Die zwei meist akzeptierten Daten im Westen sind 480 und 527 n. Chr. Das Zen verbreitete sich von dortaus in andere fernöstliche Länder Asiens und ist heute eine der wichtigsten Richtungen in Japan. Die Legende erzählt, dass Bodhidharma übernatürliche Kräfte besaß. Er hinterließ keine Schriften, übersetzte auch keine heiligen Schriften aus dem Sanskrit ins Chinesische, was viele seiner Glaubensbrüder aus Indien taten. Manche vermuten, ihm fehlte die gute Sprachkenntnis dafür, was auch eine indirekte Wirkung darauf hatte, dass die von ihm gegründete Schule mehr auf Intuition als auf die heiligen Schriften Wert legte.

Das Wort Zen stammt aus dem Chinesischen Ch'an, das wiederum aus dem Sanskritwort Dhyana – Meditation – abgeleitet wurde. Die Meditation spielt im Zen eine wichtige Rolle. Die vier fundamentalen Eigenschaften des Zen sind: Es ist eine Tradition, die sich außerhalb der heiligen Schriften bewegt, sich auf die heiligen Schriften nicht festlegt, das Herz der Gläubigen direkt anspricht und darauf zielt, dass jeder seine eigene Buddha-Natur (siehe »Mahayana« S. 29) in sich selbst entdeckt. Dies heißt jedoch nicht, dass das Zen gänzlich auf die heiligen Schriften verzichtet. Das Maha-prajna-praramita-sutra – die große Lehre über das Gelübde des Wissens – ist eine solche wichtige Schrift. Es gibt mehrere verkürzte Versionen dieses Textes, die in verschiedenen Ländern beliebt sind, außerdem gibt es zahlreiche Bücher über das genannte Thema in verschiedenen Landessprachen. Dies weist auf die Bedeutung des erwähnten Gelübdes.

Das Zen gilt als eine rebellische Tradition, welche die bestehende Autorität und Anschauungen der buddhistischen Religion radikal angreift. Jeder Mensch enthält die Buddha-Natur in sich selbst und ist der potenzielle Buddha. Um dieses, sein wahres Wesen zu erfahren, benötigt er keine autoritären Schriften. Die Direktheit des Zen geht so weit, dass der Meister Lin-chi (gestorben im Jahr 866 n. Chr.) seinen Schülern empfiehlt, jeden, dem er begegnet, zu töten, ob er ein Buddha, ein Arhat (Erleuchteter aus dem Theravada), ein Patriarch oder ein Verwandter ist. Dann wird der Schüler innerlich frei sein. Selbstverständlich soll das Töten ein symbolisches Töten sein. Die äußeren und konventionellen Übungen führen nicht zur Freiheit. Die Freiheit kommt von innen. Der Freiheitsuchende muss mit der Tradition brechen. Dass die eigene Buddha-Natur nicht erkannt wird, liegt am Fehlen der Intuition. Das Zen spricht von der blitzartigen Erfahrung der Buddha-Natur. Zen – die Meditation – ist etwas, das dem Menschen zu dieser Erfahrung hilft. Bodhi-dharma saß vor einer Wand und meditierte.

Trotz der heftigen Kritik an der Tradition glaubt das Zen an die Kraft des Mantra. Der Prajnaparamita-mantra, der auch »Gate-mantra« genannt wird, spielt eine wichtige Rolle im Zen. Er lautet: »Gegangen, gegangen, ans andere Ufer gegangen, am anderen Ufer gelandet ist Bodhi. Svaha.« Svaha ist in diesem Zusammenhang der Ausdruck der Segnung. Die Rezitation des Prajnaparamita-mantra bewirkt die Verwirklichung der Erleuchtung. Der Mantra wird in der Originalfassung, d. h. auf Sanskrit, gesprochen.

Welche Elemente fügen das Vajrayana und der Zen-Buddhismus dem Buddhismus hinzu?

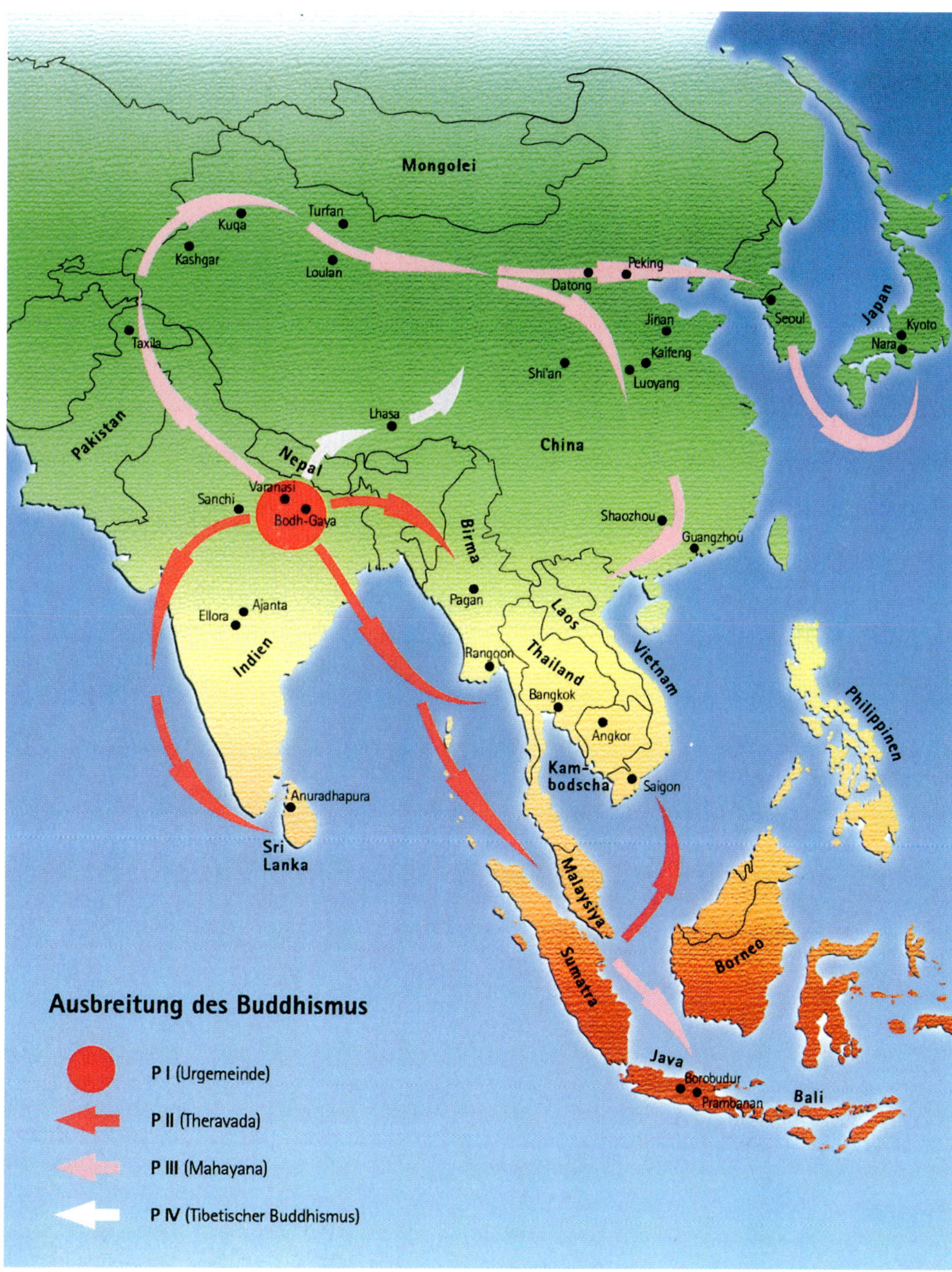

Zeittafel

ca. 450 bis 370 v. (heutige Spätdatierung)	Shakyamuni Gautama Siddharta, der historische Buddha; geboren in Kapilavastu, Nepal; im Alter von 29 Jahren Entsagung der Welt; 7 Jahre Askese und Suche nach Erleuchtung; mit 36 Jahren Erleuchtung (nirvana) in Uruvilla (Nordindien) und erste Predigt in Sarnath in der Nähe von Benares; dann 44 Jahre Lehrer auf Wanderschaft in Nordindien; mit 80 Jahren Tod bzw. endgültige Erlöschung (parinirvana) in Kushinagar (pali: Kushinara)
4. Jh. v.	1. buddhistisches Konzil in Rajagriha (Nordindien) vier Monate nach dem Tod des Buddha; Festlegung der Lehre durch die Mönche
3. Jh. v.	2. buddhistisches Konzil in Vaishali (Nordindien), Auseinandersetzung um Ordenszucht und Lehre; Spaltung der Gemeinde; Revision der Lehre
270–232 v.	Herrschaft des Kaisers Ashoka; starke Förderung des Buddhismus; Politik der Toleranz und Gewaltlosigkeit; Einführung des Theravada nach Sri Lanka
250 v.	3. buddhistisches Konzil in Pataliputra (heute Patna, Nordindien), Sichtung und kritische Bearbeitung der heiligen Schriften; Aufforderung zur Mission des Buddhismus
um 200 v.	Theravada bzw. Hinayana und Mahayana zeigen erste Konturen
3.–1. Jh. v.	Herausbildung des Pali-Kanons (Pali: eine alte indische Sprache), des Kanons des Theravada
1. Jh. v.	Schriftliche Fixierung des Pali-Kanons in Sri Lanka
1. Jh. v. – 1. Jh. n.	Mahayana tritt als eigene Richtung deutlich in Erscheinung
um 65	Buddhismus erstmals in China bezeugt
ca. 125	Nagarjuna, der bedeutendste Philosoph des Buddhismus; Lehre von der »Leere« (shunya)
2.–6. Jh.	Blütezeit buddhistischer Kunst in Gandhara (heute Afghanistan und Pakistan), Mathura und Sarnath (beide in Indien)
150–217	Clemens von Alexandrien (Kirchenvater), erste Erwähnung des Buddha in der christlichen Welt
4. Jh.	Buddhismus Hofreligion in einigen nordchinesischen Dynastien; erste Erfolge in Korea
5. Jh.	Erste Spuren des Buddhismus in Burma, Thailand, Java, Sumatra; einsetzender Niedergang des Buddhismus in Indien
484	Die Hunnen zerstören zahlreiche buddhistische Klöster in Nordwestindien
6. Jh.	Gründung des Zen-Buddhismus in China durch Bhodidharma
um 550	Einführung des Buddhismus in Japan
573	Große Buddhistenverfolgung in China
618–649	Songtsen Gampo König von Tibet; Lhasa wird Hauptstadt; erste Kontakte mit dem Buddhismus
7. Jh.	Christen finden in Indien und China Kontakt mit dem Mahayana
7./8. Jh.	Erste Kontakte in Persien und Afganistan mit dem expandierenden Islam; seitdem immer wieder Verfolgung des Buddhismus durch Muslime
8. Jh.	Padmasambhava bringt den Buddhismus nach Tibet; die Zeit des Vajrayana beginnt
um 1000	Der Buddhismus löst sich in Indien allmählich in den Hinduismus auf
11. Jh.	Endgültige Einführung des Buddhismus in Burma; hunderte Stupas in der Hauptstadt Pagan
Ende 12. Jh.	Islamische Herrschaft in Nordindien, Zerstörung der letzten buddhistischen Klöster und Klösteruniversitäten; Tötung unzähliger gewaltloser Mönche; endgültige Vernichtung des Buddhismus in Indien
13./14. Jh.	Kontakte zwischen Buddhismus und Christentum durch die Franziskanermission in China
1391–1475	Gendün Drub, der I. Dalai Lama in Tibet
15. Jh.	Vertreibung des Buddhismus aus Indonesien (Java und Sumatra) durch den Islam
16. Jh.	Beginn der Kolonalisierung vieler buddhistischer Länder durch europäische Mächte
1769	Shintoismus Staatsreligion in Japan; Verfolgung des Buddhismus
1788–1860	Arthur Schopenhauer, deutscher Philosoph, vom Buddhismus stark beeindruckt
19./20. Jh.	Reformbewegungen im Buddhismus; Auseinandersetzung mit der eigenen Tradition, dem Christentum und der modernen Welt; wissenschaftliche Erforschung des Buddhismus in Europa, Amerika und Asien
1871	Konzil des Theravada in Mandalay (Burma); der ganze Pali-Kanon wird auf 729 Marmortafeln gemeißelt
ab 1890	Wiedererstarken des Buddhismus in Japan
1897	In den USA entsteht die erste buddhistische Organisation
1924	Der Buddhist, Arzt und Schriftsteller Paul Dahlke baut in ceylonesischem Stil das Buddhistische Haus in Frohnau (Berlin). Die Zahl der Stufen der langen, steilen Treppe, die zum Tempel hinaufführt, steht in Beziehung zur buddhistischen Lehre. Während der Herrschaft des Nationalsozialismus verfällt das Haus. Im Jahr 1957 kauft es die German Dhammaduta Society mit Sitz in Colombo (Sri Lanka) von den Erben und baut die Einrichtung wieder auf
1954–56	Konzil des Theravada in Rangun (Burma); Jubiläum zum 2500-jährigen Eingang des Buddhas ins Nirva-

na; Erinnerung an den missionarischen Anspruch des Buddhismus

1956 Buddhas 2500. Geburtstagsfeier in Neu-Delhi (Indien) auf einer internationalen Zusammenkunft

1956 Bhimrao Ramji Ambedkar, indischer Politiker, kastenloser Hindu, tritt mit zahlreichen Anhängern der vierten Kaste (shudra) und Kastenlosen zum Buddhismus über

1958 Der deutsche buddhistische Mönch Nyanaponika Thera gründet The Buddhist Publication Society in Sri Lanka, um englischsprachige Bücher über den Theravada-Buddhismus zu publizieren

1959 Aufstand in Tibet gegen die chinesische Besetzung; Flucht des 14. Dalai Lama nach Indien

1960 Gründung des Dharamsala in Indien – Residenz des 14. Dalai Lama und Sitz der tibetischen Exilregierung

1965 Anerkennende Worte für den Buddhismus beim 2. Vatikanischen Konzil

1965–66 Zerstörung zahlreicher Klöster in Tibet durch die chinesische Besatzungsmacht im Zuge der Kulturrevolution

1975–79 Unterdrückung des Buddhismus in Kambodscha durch die »Roten Khmer«

1980 Gründung des Karuna Trust in Indien; Ziel: Bildung, Gesundheit, Unterkunft etc. für arme Konvertiten zum Buddhismus
Gründung des Shertan-Kloster-Komplexes in Kardze (chinesisch: Ganzi) durch den Ehrwürdigen Khenpo Jigme; Ziel: Wiederbelebung des Studiums des tibetischen Buddhismus und der Meditation in dieser Tradition. Der Komplex beherbergt Mönche und Nonnen, die gemeinsam am Unterricht teilnehmen. Im Jahr 1987 wurde die Institution buddhistische Akademie. Der Shertan-Kloster-Komplex steht unter strenger Beobachtung durch die Regierung in Beijing (Peking)

1987 Gründung der Sakyadhita, The International Association of Buddhist Women; Aufgaben: Förderung buddhistischer Frauen, Förderung des Weltfriedens durch die Lehre Buddhas und Förderung des besseren Verständnisses zwischen den verschiedenen Richtungen des Buddhismus

1989 Verleihung des Friedensnobelpreises an den 14. Dalai Lama
Gründung der Tibet Initiative Deutschland e. V.

seit 1989 Interreligiöser Dialog »The Los Angeles Buddhist Catholic Dialogue«, gefördert durch Buddhist Sangha Council of Southern California und The Catholic Office of Ecumenical and Interreligious Affairs

1991 Einweihung der Pagode Vien Giac in Hannover; wichtiges Zentrum des vietnamesischen Buddhismus; bietet ein Forum für alle anderen Richtungen des Buddhismus

1992 Gründung des Zen Environmental Studies Center in den USA

1993 Während der von den UN geförderten Wahlen in Kambodscha stellt man fest, dass etwa 3000 buddhistische Klöster, die zwischen 1975 und 1979 durch die »Roten Khmer« zerstört wurden, von den Dorfbewohnern trotz Verarmung wieder aufgebaut worden sind

1994 Das MettaDanaProject (USA) engagiert sich in den Gegenden von Sagaing Bergen (Burma); Ziel: Entwicklung der dort lebenden Bevölkerung

1995 Segnung der Tibetisch-Buddhistischen Gesellschaft Chöling e. V. in Deutschland durch den 14. Dalai Lama

1996 Verurteilung der Unterdrückung der Buddhisten in Vietnam durch den Vietnamese-American Unified Buddhist Congress in den USA

1997 Gründung des Sangha Metta Project durch junge buddhistische Mönche, die an der Mahamakut University (Thailand) studierten; Aufgaben: gesundheitliche und seelische Betreuung von AIDS-Patienten, Aufklärungsarbeit, Betreuung der Waisen; das Projekt hat sich in Thailand verbreitet und auch in Laos, Burma, Kambodscha, Südchina, Vietnam, der Mongolei und Bhutan Nachahmer gefunden

1998 Gründung der buddhistischen Umweltschutzorganisation Earth Sangha in den USA
Der 14. Dalai Lama unterweist 7 Tage lang im Tibetischen Zentrum in Schneverdingen

1999 In Perth (Australien) wird das erste große Kloster für Nonnen des Theravada-Buddhismus außerhalb Asiens gebaut

2000 Kongress der Deutschen Buddhisten in Hannover

2001 Afghanische Taliban-Krieger zerstören die gigantischen Buddha-Statuen von Bamian
Künstler in der Volksrepublik China beschließen, die in Bamian zerstörten Buddha-Statuen nachzubauen
Eine Delegation von Abgeordneten des Europäischen Parlaments unter der Leitung des Präsidenten der Tibet Intergroup, Thomas Mann, trifft Seine Heiligkeit den XIV. Dalai Lama in Dharamsala (Indien)

2002 Führende buddhistische Mönche in Sri Lanka protestieren gegen die geplante »Valentine Show«, bei der junge Paare öffentlich die Liebe zwischen Mann und Frau zelebrieren sollen; dies widerspräche buddhistischen Werten
The 7th International Conference on Buddhist Women findet in Taipei (Taiwan) statt

III. Der ethische Beitrag

Der Buddhismus wird häufig als Religion der normativen Ethik verstanden. Sittlichkeit (shila), Meditation (samadhi) und perfektes Wissen (prajna) bilden drei Meilensteine, die zum Nirvana führen. Auch wenn die Ethik nicht direkt zum Nirvana führt, ist doch ihre Rolle unübersehbar. Sie dient nicht nur als Vorbereitung für die Meditation, sondern begleitet diese in allen ihren Stufen. Die ethischen Gebote sind keine bloßen hierarchisch aufgezählten Prinzipien, sondern schaffen die Bedingungen für die Analyse der eigenen Psyche und Beherrschung der Gedanken. Der Theravada hält die Ethik für zweckmäßig, wobei im Mahayana diese durch das Prinzip des Mitleids (karuna) eine größere Dimension erhält. Der Theravadin-Mönch arbeitet entschlossen für seine persönliche Erlösung, ohne sich vom Leiden der Mitmenschen ablenken zu lassen. Der Bodhisattva des Mahayana verzichtet freiwillig auf seine eigene Erlösung, weil er für alle Lebewesen Mitleid empfindet und sie befreien möchte, bevor er selbst in das Nirvana eintritt. Dieser grundsätzlicher Unterschied ändert aber nichts daran, dass die Ethik die Grundlage beider Richtungen ist. Ohne die Einhaltung der ethischen Gebote ist die Lehre des Buddha nicht praktizierbar.

1. Die Grundpositionen

Der achtfaltige Pfad enthält mit der Sittlichkeit, der Sammlung/Versenkung und dem Wissen drei aufbauende Hauptgesichtspunkte. Ordnen Sie die Anweisungen des achtfachen Pfades diesen drei Teilen des Pfades zu und erörtern Sie diese.

Der achtfaltige Pfad

Der achtfaltige Pfad (arya-ashtangika-marga) bildet die Grundlage der buddhistischen Ethik. Er besteht aus: rechtem Sehen, rechtem Entschluss, rechter Rede, rechter Tat, rechtem Lebenserwerb, rechter Aufmerksamkeit, rechter Konzentration und rechter Meditation.

Rechtes Sehen

Rechtes Sehen bedeutet, die Wirklichkeit so sehen, wie sie tatsächlich ist. Der Gläubige soll das Leben als Leiden begreifen, die Ursache dieses Leidens erforschen, nach dem Weg aus dieser Lage suchen und versuchen, mit Hilfe von Buddhas Lehre diesem Leiden ein Ende zu setzen. Somit bedeutet rechtes Sehen, sich von der Anschauung, welche die vier edle Wahrheiten (siehe die Lehre S. 24) verkünden, zu überzeugen.

Rechter Entschluss

Der rechte Entschluss entspringt aus dem rechtes Sehen. Er verlangt Befreiung von Gier, Neid und Grausamkeit. Wünsche, die man hegt und Ziele, die man sich setzt, sollen edel und lobenswert sein.

Rechte Rede

Die rechte Rede verlangt, dass der Gläubige edle und wohltuende Aussagen macht und vom Lügen, von Verleumdung, Beschimpfung und unnützem Gespräch absieht.

Rechte Tat

Die rechte Tat verlangt, dass der Gläubige stets saubere Taten tut. Ferner muss er vom Töten, Stehlen, sexuellem Fehlverhalten, Lügen und Genuss berauschender Mittel absehen. Diese fünf Gebote werden die fünffaltige Sittlichkeit (panca-shila) genannt und spielen eine wichtige Rolle im Buddhismus. Gewinne, welche Sittlichkeit bringen, sind: Glück, guter Ruf, Selbstbewusstsein, qualfreier Tod und die Wiedergeburt im Himmel. Für die Mönche wird die Liste der Sittlichkeit erweitert.

Rechter Lebenserwerb

Rechter Lebenserwerb verlangt, dass der Gläubige seinen Lebensunterhalt stets durch einen ehrlichen Beruf verdient.

Rechte Aufmerksamkeit

Die rechte Aufmerksamkeit besteht daraus, dass man unheilvolle und unglückbringende

Wünsche und Verlangen vermeidet. Falls doch welche entstanden sind, müssen diese besiegt werden. Ferner müssen heilvolle und glückbringende Wünsche und Verlangen entwickelt und gepflegt werden.

Rechte Konzentration
Die rechte Konzentration verlangt, dass der Gläubige nicht gedanklich abwesend ist, sondern jeden Moment seine Gedanken, Taten und Gefühle bewusst wahrnimmt.

Rechte Meditation
Die rechte Meditation besteht aus Meditationen, die zu den klaren Erkenntnissen führen, dass alles vergänglich ist, dass es keine Seele gibt und dass das Leben Leiden ist. Viele halten die Vipassana-Meditation für diesen Zweck gut geeignet (siehe S. 16).

Mut, Vorsicht und Überlegung

Ich lege großen Wert auf vier Faktoren in der Praxis der Buddhalehre, die sich als Lösungsmöglichkeiten bewährt haben, Hindernisse, die auf dem Weg zur Erleuchtung auftraten, zu beseitigen.

a) Mit genügend Mut ausgestattet, hört man gar nicht auf das Gerede um sich herum und geht direkt auf sein Ziel los. Auch dann braucht es noch viele Mittel, vor allem sollten alle unheilsamen Mittel gemieden werden, um den Mitmenschen nicht zu schaden. Das ist die Haltung willensstarker Menschen.
b) Mit Vorsicht ausgestattet, vermag man viele Hindernisse zu antizipieren, kann man ihnen rechtzeitig aus dem Weg gehen, hat man noch Zeit, sich auf die richtigen Mittel zu besinnen, um auf diese Weise die Gefühle der anderen nicht zu verletzen und das Ziel zu erreichen. Auch diese Menschen erweisen sich als willensstark.
c) Geduld und Stehvermögen können einem ebenso behilflich sein, die Hindernisse zu überstehen, sie einfach auszuhalten und abzuwarten, bis sie sich verflüchtigt haben oder vorübergezogen sind.
d) Als vierte Alternative der Abwehr von Hindernissen bietet sich auch noch der Ausweg an. Man ändert das Ziel oder die Methode es zu erreichen. *Thich Nhu Dien*

Die humanistische Einstellung

Besonders im Hinblick auf die weltgeschichtliche Wirksamkeit des Buddhismus ist es unerlässlich, an dieser Stelle noch einen Blick auf seine Ethik zu werfen. Deren Prinzipien sind von der vierten »edlen Wahrheit« [...] abgeleitet. Eine kurze Zusammenfassung der buddhistischen Morallehren enthält auch das Mangalasutta des Khuddakapatha. Beherrschender Grundzug ist die Güte gegenüber allen Wesen [...]. Ungemein anziehend berührt uns auch heute die Gesinnung der Güte zu den Menschen und der Liebe zum Frieden, die sich unter anderem im Culakammavibhanga-Sutta (Nr. 135 des Majjhimanikaya) offenbart. Im Majjhimanikaya Nr. 145 weist Buddha in seiner Belehrung des Punna (gutes Karma) auf das Erfordernis hin, auch Feinden gegenüber Milde zu üben. Bezeichend ist ferner, dass als Vergehen, die zum Ausschluss aus dem buddhistischen Orden führen, unter anderem nicht nur Mord, sondern auch die Verherrlichung des Todes und die Aufstachelung zum Selbstmord erwähnt werden (Parajika Dhamma 3), was mithin eine dem Buddhismus manchmal unterstellte Tendenz zur Lebensfeindlichkeit von vornherein ausschließt. Nur unter ganz bestimmten Bedingungen ist Selbstmord gestattet wie etwa dem kranken Mönch Channa im Majjhimanikaya Nr. 144.
Die Ethik des Buddhismus ist demnach vom humanistischen Standpunkt überwiegend als positiv zu beurteilen. Doch dürfen ihre einem

Nicht wird hienieden zu irgendeiner Zeit Feindschaft durch Feindschaft geschlichtet. Doch durch Nichtfeindschaft wird sie geschlichtet! Das ist ein Gesetz von alters her.
Gewaltlosigkeit im Umgang mit dem Nächsten (Dhammapada)

Der reife Mensch überprüft sich selbst, bevor er die anderen Menschen prüft. Nur die Fehler der anderen korrigieren zu wollen und an sich selbst überhaupt nicht zu arbeiten, ist ein großer Mangel.

Wenn wir die Arbeit anderer Menschen mit mehr Großmut sehen, werden wir uns selbst auch besser und befreiter fühlen. Ich hoffe, dass meine Ermahnungen niemanden verletzt haben.

Thich Nhu Dien

- *Welche Grundprinzipien enthält die Ethik des Buddhismus?*
- *Ist der Mahayana-Buddhismus in ethischer Hinsicht dem Theravada-Buddhismus überlegen?*

fortschrittlichen Denken zuwiderlaufenden Aspekte gleichfalls nicht verschwiegen werden. Das Motiv der oben erwähnten allseitigen Güte ist ja nicht die aktive Liebe zum Menschen oder gar Dienst an der menschlichen Gesellschaft, sondern es ergibt sich aus der Aufgabenstellung für jeden Einzelnen, eine Anhäufung schädlichen Kammas zu vermeiden. Ohnehin dürfte die Güte nie so weit gehen, dass sie zum »Anhaften« führt, das ja gerade aufgegeben werden soll. Überhaupt ist die buddhistische Lehre einschließlich ihrer Ethik nicht auf die Volksmassen, sondern auf die Vervollkommnung und Erlösung des Einzelnen zugeschnitten. Letztlich kann niemand einen anderen läutern; läutern kann man sich nur selbst, heißt es im Dhammapada Nr. 165. Der Einfluss von Eltern und Verwandten spielt eine untergeordnete Rolle; der eigene wohlgefügte Geist kann Besseres vermitteln als diese, lehrt Dhammapada Nr. 43. Ein gewisser elitärer Individualismus ist daher unverkennbar: So soll man nur mit einem Vornehmeren oder wenigstens Gleichgestellten wandern, entnimmt man aus Dhammapada Nr. 61. In ethischer Hinsicht ist der spätere Mahayana-Buddhismus mit seiner Ausrichtung auf die Allgemeinheit dem Theravada-Standpunkt überlegen. *Klaus Mylius*

Perfektes Wissen

Mit dem Wissen meint der Buddhismus nicht Fachkenntnisse, sondern das Wissen über die buddhistische Lehre. Das Wissen entsteht durch intellektuelle Auseinandersetzung mit der phänomenalen Welt und Wirklichkeit, Studium und Meditation. Das perfekte Wissen ist eine der Eigenschaften des Buddha und der Bodhisattvas.

Mitleid

Das Prinzip Mitleid erreichte seinen Höhepunkt im Mahayana, das ihm einen metaphysischen Sinn gab. Ein wesentliches Merkmal der Bodhisattvas ist das Mitleid für alles, das lebt. Das Mitleid hat hier zwei Komponenten: erstens, durch das Mitleid identifizieren sich die Bodhisattvas mit den Lebewesen und schreiten zur Tat und zweitens, als Partner des perfekten Wissens gewinnt das Mitleid hier eine neue Dimension. Aber auch im alltäglichen Sinne spielt das Mitgefühl eine wichtige Rolle im Buddhismus. Die heiligen Schriften erwähnen vier Arten von Freunden: Es gibt Freunde, die in der Not Hilfe anbieten, dann sind da Freunde, die einen niemals verlassen, die Freunde der dritten Art beraten einen weise und zuletzt hat man Freunde, die mitfühlend sind.

Leben, Wissen und Mitgefühl

Die buddhistischen Schriften nennen stets zwei Grundwerte, nämlich perfektes Wissen (prajna) und Mitleid (karuna) mit allen Lebewesen. Auch wenn es nicht explizit gesagt wird, gewinnt das Leben durch das Prinzip Mitgefühl eine wichtige Stellung.

Leben

Obwohl der Buddhismus das Leben als Leiden begreift, zeigt er doch großen Respekt vor dem Leben. Nicht zu verletzen (ahimsa) spielt eine fundamentale Rolle in dieser Religion. Als Leben gelten Menschen, Tiere und Pflanzen sowie übernatürliche Lebewesen wie Götter, Gespenster etc., kurz: alles, was sich im Kreislauf der Wiedergeburten befindet. Von diesem Standpunkt aus haben ein Tier und eine Pflanze denselben Wert wie ein Mensch. Es gibt Mönche, die das Trinkwasser filtern, damit sie kein Tier töten.

Verbundenheit mit der Welt

Ein Gefühl der Verbundenheit und der Einheit mit dem Leben können wir auch durch Kontemplationen entwickeln. Vor allem die tibetische Tradition kennt eine Reihe recht stark wirkender Vergegenwärtigungen. Eine davon ist die Betrachtung unserer Abhängigkeit von allen Lebewesen.

Wir sind praktisch in allem, was wir haben und benötigen, auf eine vielfältige Art abhängig von unzähligen andern Lebewesen. Diese Tatsache können wir in eine Übung umsetzen, indem wir uns ganze Reihen solcher Abhängigkeiten ins Bewusstsein rufen und sie mit Vorstellungskraft und Fantasie möglichst lebensnah betrachten. Der Kaffee auf dem Frühstückstisch: Männer, Frauen und Kinder, die mühevoll auf einer Plantage arbeiten in Hitze und Staub und für ihren Schweiß einen geringen Lohn ernten. Der Transport auf endlosen Landstraßen in die

Häfen, auf die Schiffe, Seeleute, heiße Maschinenräume, kalte Nachtwachen, Menschen in den Fabriken an monoton laufenden Fließbändern; Verkäuferinnen, lange Arbeitstage. Heißes Wasser, das aus den Hähnen quillt, die Milch, die aus dem Beutel fließt – eine schier endlose Kette von Menschen und Verknüpfungen, die beteiligt sind, bis diese eine Tasse Kaffee vor uns steht! In gleicher Weise können wir die Zusammenhänge auch bei den Kleidern entdecken, die wir tragen. [...] Schafe werden geschoren, flinke Hände verarbeiten die unzähligen Haare zu Garn und dann zu Wolle, und wieder andere Hände oder Maschinen weben oder stricken daraus unsere Kleidung. Bis es so weit ist – wie viel Schweiß, Anstrengung und Sorgfalt vieler Menschen sind dazu notwendig!

Wir sehen, wie viel Abhängigkeit da ist und wie sehr wir auf Kosten anderer Lebewesen leben. In allem sind wir von andern abhängig: bei Nahrung, Kleidung, Wohnung, Bildung, Arbeit, Transport, Vergnügen – überall. Wir sehen und anerkennen dies, nicht um Schuldgefühle in uns hervorzurufen, sondern um ein Gefühl für die Abhängigkeit aller von allen zu gewinnen und dadurch Verbundenheit, Wertschätzung und Dankbarkeit zu wecken. Bei dieser Art Kontemplation ist es wichtig, sich die Situation dieser Menschen immer wieder lebensnah vorzustellen: wie es ist, wenn man in Afrika Kaffee pflanzt, in der Fabrik am Fließband steht, auf dem Feld als Schaf geschoren wird (ja, versuchen wir auch das zu fühlen!). Dadurch vertiefen wir unser Verständnis und Gefühl für das ganze Netzwerk.

Eine andere wirksame, aus der tibetischen Tradition stammende Methode besteht darin, sich selber an den Platz anderer zu setzen. Sind wir zum Beispiel verschiedener Meinung, so üben wir uns darin, den Platz der Gegenseite einzunehmen. Machen wir einmal ihre Argumente zu den unseren, schauen wir, wie sich das anfühlt. Oder wir können uns in die Lage eines Polizisten an einer Demonstration versetzen, wenn wir auf der Seite der Demonstranten stehen. Haben wir Probleme mit Autoritäten, können wir den Platz einer Autoritätsfigur einnehmen: wie wäre es, wenn ich an ihrer oder seiner Stelle säße und das zu tun hätte, was sie tut? [...]

Kontemplationen sind Übungen. Wir trainieren,

- uns zu öffnen;
- auf jemanden zuzugehen;
- das Eis zu brechen;
- die Trennung zu überbrücken;
- die Hand auszustrecken.

Fred von Allmen

Das Verbot, Fleisch zu essen (Lankavatara VIII)

Der Herr sprach zu ihm wie folgt: »Aus unzähligen Gründen, o Mahamati, darf ein barmherziger Bodhisattva keinerlei Fleisch essen, auf diese aber will ich dir nur einen Hinweis geben. Unter den Lebewesen, o Mahamati, die hier auf einem langen Wege [im Kreislauf der Wiedergeburten] umherwandeln, ist nicht leicht irgendein Wesen zu finden, das nicht eines anderen Wesens Mutter oder Vater oder Bruder oder Schwester oder Sohn oder Tochter oder der nahe oder ferne Verwandte eines seiner Angehörigen gewesen ist. Wie könnte ein Bodhisattva Mahasattva, der mit seinem Wesen allen Wesen hilfreich zu nahen wünscht und die Buddhalehre liebt, das von irgendeinem Geschöpf oder Lebewesen herrührende Fleisch essen, das Fleisch eines nahen oder fernen Verwandten, der sein Dasein in der einen Geburt beendet hat und im Schoße eines wilden Tieres, eines Viehes oder eines Vogels wiedergeboren worden ist?«

Aus der Fleischnahrung entsteht Übermut, aus dem Übermut entsteht das Verlangen, Leidenschaft wird durch das Verlangen erzeugt; auch deshalb soll er nicht [Fleisch] essen.

Aus dem Verlangen entsteht die Leidenschaft, durch die Leidenschaft wird sein Geist verblendet, der Verblendete hängt an der Sinnenwelt, er wird wiedergeboren und nicht befreit.

Um Gewinnes willen wird ein Wesen getötet, um des Fleisches willen wird Geld gegeben; beide, die Böses getan, braten in Raurava und anderen Höllen.

Der Tor, der das Wort des Weisen übertritt und Fleisch isst, trotzdem er zur Vernichtung der zwei Welten in der Sakyalehre [Lehre des Buddha] geweiht ist, – solche Bösewichter gehen in die tiefste schrecklichste Hölle; in Raurava und anderen schrecklichen Höllen werden die Fleischesser gebraten ...

Ein Versenkter [Yogin] soll kein Fleisch essen, es wird von mir und den Buddhas getadelt.

Mara, der Böse, hält die Welt gern in seiner Knechtschaft. Als er in der Nacht der Erleuchtung Gautama, den künftigen Buddha, sah, wurde er unruhig. Gautama saß unter dem Bodhi-Baum und meditierte mit voller Entschlossenheit. Mara begriff, dass wenn Gautama die Erleuchtung erlangte, ihm nicht nur Gautama verloren ginge, sondern er würde auch die Lebewesen verlieren, die dem künftigen Buddha folgen würden. Er schickte seine Armee, um Gautama Angst einzujagen, um ihn zu verlocken, damit er seine Suche nach der Wahrheit abbräche. Gautama aber ließ sich nicht beirren. Standhaft vertiefte er sich in die Meditation, besiegte Mara und erlangte die Erleuchtung. Die Buddhisten meinen, die Erzählung von Mara müsse symbolisch betrachtet werden. Angst und Gier sind Hindernisse, die im Inneren des Menschen tief verwurzelt sind und besiegt werden müssen.

- *Aus der Perspektive des Kreislaufs der Wiedergeburten ergibt sich für den Buddhisten ein sittlicher Auftrag gegenüber jeglichem Leben. Vergleichen Sie diese Grundhaltung mit der anderer Religionen, z. B. des Christentums und des Islam.*
- *Welche Handlungsamweisungen ergeben sich hieraus gegenüber anderen Menschen, Tieren, Schwachen und Unterdrückten?*
- *Wie beurteilen Sie eine solche moralische Grundhaltung?*

Wesen, die einander auffressen, sind aus Raubtierfamilien entstanden.
Ein Fleischesser wird als ein wegen seines üblen Geruches Verabscheuter oder auch als ein Wahnsinniger wiedergeboren oder er wird immer und immer wieder in der Familie von Candalas, Pukkasas oder Dombas*, im Schoße von Dakinis* geboren; oder im Schoße von Raksasis° und Katzen wird dieser Niedrigste der Menschen wiedergeboren.

Übersetzung: Moritz Winternitz

* *sog. Unberührbare*
* *übernatürliche, aggressive Wesen*
° *Dämonen*

Böse Taten

Wenn einer, o Kasyapa, jemand des Lebens beraubt, der ein Vater oder ein Einzelbuddha ist, so ist das der schlimmste aller Morde; das ist der schlimmste aller Diebstähle, wenn man ein Vermögen raubt, das den drei Edelsteinen (d. h. Gemeinde) gehört; das ist das schlimmste aller aus Wollust begangenen Vergehen, wenn es eine Mutter oder eine Heilige betrifft; das ist die schlimmste aller Lügen, die falsche Anklage des Tathagata; das ist die schlimmste aller Verleumdungen, der Tadel der edlen Mönchsgemeinde; das ist die schlimmste aller Beschimpfungen, die Schmähung der Edlen [Mönche]; das ist das schlimmste aller sinnlosen Geschwätze, die Ablenkung der Aufmerksamkeit derer, die die Lehre zu hören wünschen; die schlimmste aller bösen Absichten ist das Erwägen einer Sünde, die sofort ihre bösen Folgen trägt; das ist die ärgste aller Begierden, der Gedanke daran, den vollkommen Wandelnden ihren Gewinn wegzunehmen; das ist die schlimmste aller Irrlehren, nämlich die ketzerische Ansicht, dass die Mönche Eigentum besitzen dürfen. Dies, o Kasyapa, sind die zehn bösen Wege des Handelns, die höchst tadelhaften.

Übersetzung: Moritz Winternitz

2. Die Ethik des Mahayana

Ein Gebet (Suvarna-prabhasha IV)

In allen Ländern mögen alle Leiden der Wesen aufhören; mögen alle Wesen, die mangelhafte Sinnesorgane haben oder eines Gliedes beraubt sind, jetzt heil und gesund sein!
Mögen alle in den zehn Weltgegenden, die krank, schwach, heruntergekommen und schutzlos sind, rasch von ihrer Krankheit befreit werden und Gesundheit, Stärke und ihre Sinnesorgane wiedererlangen!
Mögen alle Wesen, die von Königen, Räubern oder Soldaten bedroht, zum Tode verurteilt, die durch verschiedene Hunderte von Ängsten in Not geraten sind, mögen diese in Not geratenen Unglücklichen von diesen Hunderten der schlimmsten und schrecklichsten Ängste befreit werden!
Alle die, welche geschlagen, in den Kerker geworfen, gequält, sich in mannigfachen Nöten befinden, von vielen Tausenden von Mühen bedrängt, die von mannigfachen Gefahren und schrecklichem Kummer heimgesucht sind – mögen diese alle von ihren Fesseln befreit werden, die Geschlagenen mögen von den Schlägen befreit, die mit dem Tode Bedrohten dem Leben wiedergegeben werden, und die in Bedrängnis Geratenen von aller Furcht frei werden!
Mögen die von Hunger und Durst Gequälten Speise und Trank in Fülle erlangen, die Blinden die mannigfachen Formen und Gestalten sehen und die Tauben liebliche Geräusche hören!
Mögen die Nackten bunte Kleider erlangen, die Armen Speise bekommen und alle Wesen mögen durch viel Geld und Getreide und Edelsteine aller Art glücklich sein!
Möge niemand Leiden und Schmerz treffen, mögen alle Wesen sich wohl befinden, von schöner, angenehmer und lieblicher Gestalt sollen sie stets mit viel Glück überhäuft sein!

Übersetzung: Moritz Winternitz

Der Entschluss des Bodhisattva (Vajradhvaja-sutra)

Und ich nehme auf mich die Last aller Leiden, ich bin dazu entschlossen, ich ertrage sie. Ich kehre nicht um, ich fliehe nicht, ich zittere nicht und bebe nicht, ich fürchte mich nicht, ich weiche nicht zurück und ich verzage nicht. Und warum das? Weil ich unbedingt die Last aller Wesen auf mich nehmen muss. Das ist nicht mein freier Wille. Die Rettung aller Wesen ist mein Gelöbnis; von mir müssen alle Wesen befreit werden. Von mir muss die ganze Welt der Lebenden gerettet werden. Aus der Wildnis der Geburt, aus der Wildnis des Alters, aus der Wildnis der Krankheit, aus der Wildnis des Todes, aus der Wildnis aller Arten von Unheil, aus der Wildnis der schlechten Daseinsformen, aus der Wildnis des ganzen Kreislaufes der Wiedergeburten, aus der Wildnis aller Irrlehren, aus der Wildnis des Verlierens der guten Religion, aus der durch Unwissenheit entstandenen Wildnis, aus allen diesen Wildnissen muss ich alle Wesen erretten. [...] Ich selbst muss die ganze Masse des Leidens aller Wesen auf mich nehmen. Soweit ich es vermag, will ich allen schlechten Daseinsformen, wie sie in allen Weltteilen erlangt werden, alle Leiden auskosten. Und kein Wesen darf von mir um die Wurzel des Guten betrogen werden. Ich bin entschlossen, in jeder einzelnen schlechten Daseinsform ungezählte Millionen von Weltzeitaltern zu leben. Und wie in einer schlechten Daseinsform, so ist Grund zur Befreiung aller Wesen in sämtlichen schlechten Daseinsformen ohne Ausnahme, die in allen Weltteilen vorkommen. Und warum das? Besser ist es ja fürwahr, dass ich allein leide, als dass alle Wesen in die Stätten der schlechten Daseinsformen gelangen. [...] Und ebenso muss ich die Wurzeln des Guten zur Reife bringen, dass alle Wesen unendliches Glück, ungeahntes Glück, das Glück der Allwissenheit erlangen mögen – mit mir als Wagenlenker, mit mir als Führer, mit mir als Fackelträger, mit mir als Wegweiser zum Heil, mit mir, der im rechten Augenblick den Weg gefunden hat, mit mir, der die Mittel kennt, mit mir, der die Vorteile weiß, [...] mit mir als Wegweiser zum anderen Ufer.

Übersetzung: Moritz Winternitz

Japanisches Bild eines Bodhisattva

Die Werke des Bodhisattva (Shiksha-samuccaya)

In dem edlen Ratnamegha wird auch angeordnet: Wenn die Bodhisattvas zehn gute Werke vollbracht haben, o edler junger Mann, werden sie unbefleckt von dem Schmutz des Mutterschoßes geboren. Welche zehn? Es sind die folgenden: (1) Das Herstellen von Bildern des Tathagata; (2) das Wiederherrichten eines verfallenen Heiligtums; (3) das Spenden von Wohlgerüchen und Salben bei Heiligtümern des Tathagata; (4) das Spenden von wohlriechendem Wasser zum Bad für die Bilder des Tathagata; (5) Spenden von Reinigungsmitteln und Salben für die Heiligtümer der Tathagatas; (6) Körperpflege der Eltern; (7) Körperpflege der Lehrer und Unterweiser; (8) Körperpflege der Genossen im heiligen Leben; (9) dies alles mit einem von dem Wunsch nach Vergeltung freien Herzen, nicht mit einem von Wünschen erfüllten Herzen; (10) dieses Gute sollen sie in der Weise vollenden, (dass sie denken:) »Mögen auf Grund dieses Guten alle Wesen unbefleckt vom Schmutz des Mutterschoßes geboren werden!« Und das denken sie mit innigem Wunsch. Dies sind die zehn guten Werke, edler Jüngling.

Übersetzung: Moritz Winternitz

Zehn gute Eigenschaften des Bodhisattva

Vor allen Wesen neigt er sein Haupt und lässt seinen Stolz nicht aufkommen. Mit den schwachen Wesen hat er Geduld und bereitet ihnen kein Hindernis. Den Wesen, die Hunger leiden, gibt er die beste, vortrefflichste Speise. Den Wesen, die Furcht haben, gewährt er Sicherheit. Er ist eifrig bemüht um die völlige Heilung der Kranken und befriedigt die Armen durch Reichtümer. An einem Heiligtum des Tathagata besorgt er das Bestreichen mit Mörtel. Frohe Botschaft verkündet er den Wesen. Mit den Armen und Unglücklichen teilt er seinen Besitz und er trägt die Last derer, die müde und erschöpft sind. *Übersetzung: Moritz Winternitz*

✣ *Die Ethik des Mahayana bedeutet eine Erweiterung der buddhistischen Ethik. Worin besteht diese Erweiterung? Betrachten Sie hierzu auch die Beschreibung der Bodhisattvas* *auf S. 28 f.*

3. Mönchsethik

Entsagung (Dhammapada)

Gib auf, was vorher ist; gib auf, was nachher ist;
gib auf das Mittlere, wenn du
an das andere Ufer des Seins dich begibst!
Ist dein Geist allenthalben befreit,
erfährst du nie wieder Geburt und Alter.

Übersetzung: Klaus Mylius

Askese und Gleichmut (Khuddakanikaya; Mangalasutta)

Askese und heiliger Wandel,
der edlen Wahrheiten Erkenntnis,
und die Verwirklichung der Erlöschung –
das ist das höchste Heil.

Eines von den Gegebenheiten der Welt
Berührten Gemüt, das nicht erzittert,
kummerlos, frei von Leidenschaft und friedvoll ist –
das ist das höchste Heil.

Übersetzung: Klaus Mylius

Vorschriften, deren Verletzung Buße erfordern (Auszug aus dem Vinayapitaka)

Welcher Mönch auch, der nicht krank ist, in der Absicht, sich zu wärmen, ein Feuer anlegt und anlegen lässt, [vollzieht] außer [bei Vorliegen] einer dafür ausreichenden Begründung, ein solches Vergehen.
Von einem Mönch, der nicht krank ist, darf [täglich] eine Mahlzeit in einer Verpflegungsstelle (der Gemeinde) verzehrt werden. Wenn er mehr verzehrt, (vollzieht er) ein solches Vergehen.
Welcher Mönch auch die Erde umgräbt oder graben lässt* – [er vollzieht] ein solches Vergehen.
In der Vernichtung des Pflanzenbestandes [besteht] ein solches Vergehen.
Welcher Mönch auch absichtlich ein Lebewesen des Lebens beraubt – [er vollzieht] ein solches Vergehen.
Wenn der Mönch zwei Nächte oder drei Nächte bei dem Heer verweilt und geht in den Kampf oder an die Frontlinie oder an den Heeressammelplatz oder zur Heerschau, [vollzieht er] ein solches Vergehen.
In einer wissentlichen Lüge [besteht] ein solches Vergehen.
Was für besondere Lebensmittel, als da sind zerlassene Butter, frische Butter, Öl, Honig, Zuckersaft, Fleisch, Fisch, Milch, Molken – welcher Mönch auch derartige besondere Lebensmittel, [obwohl] er nicht krank ist, für seinen Gebrauch erbittet und verzehrt – [er vollzieht] ein solches Vergehen.
Im Trinken von Branntwein und Rum [besteht] ein solches Vergehen.
In der Verleumdung eines Mönches [besteht] ein solches Vergehen.
Welcher Mönch auch gegen einen [anderen] Mönch zornig, unwillig [ist und diesen daher] aus der dem Ordenskapitel gehörenden Unterkunft hinauswirft oder hinauswerfen lässt – [er vollzieht] ein solches Vergehen.
Welcher Mönch auch einem nackten Asketen oder einem [nichtbuddhistischen] Wandermönch oder einer Wandernonne mit eigener Hand Verzehr- oder Genießbares darbietet – [er vollzieht] ein solches Vergehen.
Welcher Mönch auch einem Frauenzimmer in mehr als sechs oder fünf Worten die Lehre darlegt, ohne dass [noch] ein einsichtsvoller Mann [zugegen ist] – [er vollzieht] ein solches Vergehen.
Welcher Mönch auch sich an den Aufenthaltsort der Nonnen begibt und die Nonnen außer zur [rechten] Gelegenheit ermahnt – [er vollzieht] ein solches Vergehen. In diesem Fall ist die [rechte] Gelegenheit, wenn eine Nonne krank ist: [nur] in diesem Fall ist es die [rechte] Gelegenheit.
Welcher Mönch auch eine Speise, von der er weiß, dass sie von einer Nonne zubereitet wurde, genießt, es sei denn, der [spendende] Hausvater habe [die Speise] vorher [für ihn] bestimmt – [er vollzieht] ein solches Vergehen.

Klaus Mylius

** Diese Vorschrift geht auf zwei Verbote zurück, nämlich der ackerbaulichen Tätigkeit und der Schädigung von Lebewesen, die durch Graben natürlich leicht eintreten kann.*

Dienst an kranken Klosterbrüdern
(Vinaya-pitaka, Mahavagga VIII, 26)

Zu der Zeit war irgendein Mönch an einer Darmstörung erkrankt und lag da, in seinem eigenen Unrat begraben. Während nun der Herr mit seinem Begleiter, dem ehrwürdigen Ananda, die Runde durch die Schlafstätten machte, kam er auch zur Zelle dieses Mönchs. Da sah der Herr diesen Mönch in seinem eigenen Unrat begraben daliegen, und nachdem er ihn gesehen, trat er auf den Mönch zu und sprach zu ihm: »Was fehlt dir, Mönch?« »Ich habe eine Darmstörung, Herr.« »Hast du denn auch einen Pfleger, Mönch?« »Nein, Herr.« »Warum pflegen dich die Mönche nicht?« »Ich bin ihnen, Herr, zu nichts nütze, darum pflegen mich die Mönche nicht.« Da sprach der Herr zum ehrwürdigen Ananda: »Geh, Ananda, bring Wasser herbei, wir wollen diesen Mönch baden.« »Jawohl, Herr«, sprach der ehrwürdige Ananda, gehorchte dem Herrn und brachte Wasser. Und der Herr goss das Wasser über ihn, und der ehrwürdige Ananda wusch ihn ab. Der Herr nahm ihn am Kopfe, der ehrwürdige Ananda hob ihn bei den Füßen auf und sie legten ihn aufs Bett.

Aus diesem Anlass und bei dieser Gelegenheit ließ nun der Herr die Mönchsgemeinde zusammenkommen und richtete an die Mönche die Frage: »Ist da, ihr Mönche, in der und der Zelle ein kranker Mönch?« »Ja, Herr.« »Was für eine Krankheit, ihr Mönche, hat dieser Mönch?« »Der Ehrwürdige, o Herr, ist an einer Darmstörung erkrankt.« »Hat denn aber, ihr Mönche, dieser Mönch einen Pfleger?«
»Nein, Herr.« »Warum pflegen die Mönche ihn denn nicht?«
»Dieser Mönch, Herr, ist den Mönchen zu nichts nütze, darum pflegen ihn die Mönche nicht.«
»Ihr habt, ihr Mönche, weder Mutter noch Vater, die euch pflegen könnten. Wenn ihr, o Mönche, nicht einer den anderen pfleget, wer soll euch dann pflegen? Wer, ihr Mönche, mich pflegen würde, der soll den Kranken pflegen.«

Übersetzung:
Moritz Winternitz

Verhalten gegenüber Frauen (Digha-nikaya XVI)

Ein Gespräch zwischen Buddha und Ananda:

»Wie sollen wir uns, Herr, in Bezug auf die Weiber verhalten?«

»Nicht ansehen, Ananda.«

»Wenn wir sie aber sehen, Herr, wie sollen wir uns dann verhalten?«

»Nicht ansprechen, Ananda.«

»Wenn sie aber einer doch anspricht, Herr, wie soll er sich verhalten?«

»Ernste Besinnung, Ananda, hat er dann anzuwenden.«

Übers.: Moritz Winternitz

Anteilnahme und Hilfe

Früher befanden sich bei uns die meisten Pagoden in den Bergen. Wenn eine Pagode fertig gebaut war, wurde eine Zeremonie veranstaltet, die den Abt als rechtmäßigen Leiter der neuen Pagode einführte. Früher lebten die Mönche meistens auch in den Bergen und sie wurden deshalb auch als Bergmönche bezeichnet. Ein Bergmönch lebte fern von dem weltlichen Treiben, einfach und abgeschieden von dem Leben im Tal. In dieser Haltung äußert sich der Gedanke der Weltentsagung im Buddhismus. Heute überwiegt mehr die Praxis des »In-die-Welt-Gehens«. Die Mönche sollen an dem Leben teilnehmen, sie sollen die Leiden der Lebewesen teilen. Die Mönche sollen praktizierende Bodhisattvas sein. Die Pagoden in der Stadt wurden aus dieser Überlegung heraus gegründet. Die Verwirklichung dieses Ideals ist nicht einfach. Das Leben ist komplex und voller Überraschungen. Wenn die Mönche nur den Gewohnheiten des alltäglichen Lebens folgen würden, dann würden sie sich von der Religion entfernen. Lebten sie aber nur nach der Lehre, dann würde die Welt sie nicht mehr begreifen und als Außenseiter abtun. Das Leben eines Mönches als ein Bodhisattva im Leben ist daher schwierig. Ein fähiger Mönch könnte die Welt ändern, sie aus einer Welt voller Leiden in eine Welt voll Glück verwandeln. Ein unfähiger Mönch würde natürlich von der Welt integriert und zurück ins weltliche Leben gezogen. Für das Ins-Leben-Gehen gibt es nur zwei Möglichkeiten: entweder der Mönch ändert das Leben oder das Leben ändert den Mönch. Die Patriarchen sagten immer, ein Ordinierter ist ein Schwimmer gegen den Fluss des Lebens. [...]
Der Hauptpunkt im Leben des Ordinierten ist, die Lebewesen vor weiteren unheilsamen Taten zu bewahren und sie zu heilsamen Taten zu ermutigen.
In der Ordinationszeremonie gibt es daher auch die folgende Belehrung:

»Oh guter Sohn,
Verwirkliche die Einsicht über die Unbeständigkeit,
Vernichte den unendlichen Kreislauf der Wiedergeburten,
Verwirkliche das Nirvana,
Dies sind die wirklich unschätzbaren Verdienste.«

Diese Belehrung soll sich dem Geist des neu Ordinierten einprägen, denn sie ist sehr nützlich. Sich für ein Ordiniertenleben zu entscheiden, ist das Gegenteil der Flucht vor der Verantwortung und vor dem Leben. Ein Ordiniertenleben soll die Welt verschönern und dem Leben Freude schenken. Das sind die wirklichen Aufgaben der Ordinierten.

Thich Nhu Dien

Der Almosengang

Die Mönche der Theravadatradition und die Bettelmönche in Vietnam praktizieren noch das Betteln in den Straßen Asiens. Die Mönche der Mahayanatradition in Japan, China, Korea und Vietnam praktizieren diesen Brauch seltener. Ich habe festgestellt, dass beides, Geben wie Betteln, seine eigenen Schwierigkeiten und Vorzüge hat. Das Geben sieht zwar sehr einfach aus, nur fällt es nicht immer leicht. Das Betteln dagegen ist besonders dann nicht leicht, wenn der Hochmut noch in einem steckt. Das Beispiel des Buddha ist sehr einleuchtend und wir müssen ihn dafür bewundern. Er war ein Kronprinz, der Macht und Reichtum hatte. Doch er hat alles verlassen, nur um ein einfaches, ja zunächst sogar asketisches Leben zu führen. Er ging in die Dörfer, von Haus zu Haus und bettelte. Diese Tradition wird heute noch von vielen Mönchen befolgt.

Thich Nhu Dien

Tugend

Die Ordinierten sind die Stütze des Buddhismus. Die Tugend der Ordinierten beeinflusst die Religion unmittelbar. Ein Ordinierter braucht kein weltliches Qualifikationszertifikat. Seine Qualifikation ist allein die Tugend, der er sich befleißigt. Fromm reden, aber unfromm handeln, ist eines Ordinierten unwürdig. Ein Ordinierter rät niemandem außer sich selbst. Sein Tun soll beispielhaft sein für die anderen, sein Lassen von dem Geist des Buddhismus bestimmt sein. Ein Ordinierter soll seine Pflicht erfüllen, denn das geistliche Leben ist kein Müßiggang, sondern ein harter Kampf.

Thich Nhu Dien

- *Zeigen Sie, wie der Bodhisattva-Gedanke sich auf die Entwicklung der buddhistischen Mönchsethik ausgewirkt hat.*
- *Vergleichen Sie den Auftrag dieser buddhistischen Mönchsethik mit den Idealen von Mönchen in anderen Religionen: suchen Sie hierfür nach Informationen über verschiedene christliche und andere Mönchsgemeinschaften.*

4. Laienethik

Schenkung an die Mönche (dana)

Es ist Aufgabe der im Privatleben verbliebenen Gläubigen, für die Erhaltung – oder den Wohlstand – der Klöster zu sorgen. Sie verehren die drei Juwelen Buddha, Gesetz und Gemeinde, erfüllen die fünf wesentlichen Regeln, hören die Predigten und schenken den Mönchen Nahrung, Kleidung und Blumen. Wohlhabende wie Fürsten oder der König machen Schenkungen an Grund und Boden, Häusern und den Einkünften von ihnen abhängiger Dörfer. Häufig gibt es auch weibliche Stifter. Sozusagen als Gegenleistung und dank der wirkenden Kraft, die man in Indien zu jeder Zeit [...] einem Geschenk (Dana) beigemessen hat, erwerben die Laien dadurch Verdienste, die ihnen bei künftigen Wiedergeburten angerechnet werden. *Jeannine Auboyer*

Belohnung für die Schenkung

Schajamuni befolgt selbst die Regel, die er aufgestellt hat. Jeden Morgen geht er mit der Almosenschale in der Hand hinaus, um die einzige Mahlzeit des Tages zu erbetteln. Er achtet sorgfältig darauf, dass er nur in solchen Stadtteilen oder Dörfern bettelt, wo er damit nicht den allzu knappen Haushalt der Ärmsten schädigt. Er erlebt dabei rührende Beispiele von Frömmigkeit. Das bekannteste und in den Illustrationen am häufigsten dargestellte ist jener Junge, der gerade spielerisch aus Sand kleine Kuchen formt. Da das Kind nichts anderes besitzt, dem Meister aber ein Geschenk machen möchte, reicht es ihm ernst und respektvoll eine Handvoll Staub, die der Meister so dankbar in seiner Schüssel empfängt, als handle es sich um Nahrung. Und die Texte wissen weiter zu berichten, dass dieser unschuldige Spender einmal als Kaiser Aschoka, Beschützer des Buddhismus, wiedergeboren wird. *Jeannine Auboyer*

Bewirtung der Mönche

Sehr zum Ärger der asketischen Dschamisten, aber auch zum Verdruss mancher Buddhisten, fand der Buddha [...] nichts dabei, sich und seine Jünger gelegentlich von Laienanhängern auch zu einem üppigen Mittagsmahl einladen zu lassen. In solchen Fällen wurde die Einladung am Abend vorher ausgesprochen: »Es möge, Herr, der Erhabene mir für morgen zum Mittagsmahl zusagen mit seinen Jüngern.« Gab der Buddha durch Schweigen seine Zustimmung, dann konnte man sicher sein, dass der Gastgeber am nächsten Vormittag das Beste vom Besten anbieten werde. Stereotyp heißt es in den alten Texten: »Nachdem die Nacht vergangen war, ließ der Gastgeber erlesene Speisen und Getränke bereiten und ließ dem Erhabenen melden: ›Es ist Zeit, o Herr, die Speise ist bereitet.‹ – Der Erhabene machte sich in der Morgenstunde fertig, nahm Essnapf und Gewand und ging mit der Mönchsgemeinde zum Hause des Gastgebers. Dort setzte er sich auf dem für ihn bereiteten Sitz nieder. Dann reichte der Gastgeber eigenhändig dem Buddha und der Mönchsgemeinde erlesene Speisen und Getränke dar.« Obwohl solche Einladungen recht angenehm waren, dienten sie in keiner Weise der Schlemmerei, denn »nachdem der Erhabene gegessen hatte, stellte der Gastgeber die Schalen weg, nahm einen niedrigen Sitz ein und setzte sich nieder, um die Lehre zu hören. Der Erhabene predigte, unterwies, förderte und erfreute den Gastgeber durch eine auf die Lehre bezügliche Rede, stand vom Sitz auf und ging weg.« Auch hier war, wie beim Almosengang, der Spender der Beschenkte.

Johannes Lehmann

Ehrung der Eltern (Anguttara-nikaya II)

Zwei Wesen, ihr Mönche, will ich euch nennen, für die es eine richtige Vergeltung nicht gibt. Welche zwei sind das?
Die Mutter und der Vater. Wenn einer, ihr Mönche, seine Mutter auf der einen Schulter und seinen Vater auf der anderen Schulter herumtrüge und so hundert Jahre alt würde, hundert Jahre lebte, – wenn er sie mit Einreibung, Massieren, Baden und Abreiben bediente, – ja wenn sie auf ihm ihre Notdurft verrichteten, – so hätte er damit, ihr Mönche, noch immer nicht den Eltern Dank bezeigt und deren Wohltaten vergolten. Und wenn er, ihr Mönche, seine Eltern in die Herrschaft, die Oberherrlichkeit, die Regierung über diese ganz große, reichlich mit den sieben Arten von Schätzen vollgefüllte Erde einsetzte, – so hätte er damit noch immer nicht den Eltern Dank bezeigt und deren Wohltaten vergolten. Und warum das? Viel Gutes, ihr Mönche, erweisen die Eltern ihren Kindern als Erzeuger, als Ernährer und als Erklärer dieser Welt.

Übersetzung: Moritz Winternitz

Die fünf »Hauptsünden« eines Fürsten (Akashagarbha-sutra)

Die folgenden sind die fünf Hauptsünden eines gesalbten Fürsten, jene fünf Hauptsünden, durch die ein gesalbter Fürst alle seine in früherer Zeit gepflanzten Wurzeln des Guten vernichtet; als ein Abtrünniger geht er, von allen Freuden der Götter und Menschen ausgeschlossen, zu schlechten Daseinsformen. Welche fünf? Wenn ein gesalbter Fürst irgendein Ding, das zu einem Stupa gehört, oder das einer bestimmten Mönchsgemeinde, oder der Mönchsgemeinde der ganzen Welt gehört oder diesen geschenkt worden ist, entweder selbst raubt oder rauben lässt, so ist dies die erste Hauptsünde. Wenn ferner einer die Lehre, sei es die von den Jüngern zur Erlösung gepredigte, sei es die von den Einzelbuddhas zur Erlösung gepredigte oder sei es die im Mahayana zur Erlösung gepredigte, schmäht oder abweist, so ist dies die zweite Hauptsünde. Wenn er ferner einem, der um meinetwillen die Tonsur auf dem Scheitel trägt und braune Gewänder angelegt hat, ob er die Gebote hält oder nicht hält, ob er von schlechtem oder gutem Charakter ist, die braunen Gewänder wegnimmt oder wegnehmen lässt oder ihn zum Haushalter macht oder Körperstrafen über ihn verhängt oder ihn ins Gefängnis wirft oder ihn des Lebens beraubt, so ist das die dritte Hauptsünde. Wenn ferner ein Fürst absichtlich seine Mutter oder seinen Vater des Lebens beraubt oder wenn er einen Heiligen oder einen verehrungswürdigen Jünger des Lebens beraubt oder wenn er in der einträchtigen Mönchsgemeinde eine Spaltung verursacht oder wenn er einem Tathagata, einem Heiligen, Vollkommenerleuchteten, absichtlich und böswillig eine blutige Wunde beibringt und durch diese fünf Taten, die unmittelbar ihre Folgen haben, eine oder die andere Handlung vollzieht, so ist das die vierte Hauptsünde. Wenn ferner ein Fürst ein Skeptiker ist, der sich um die andere Welt nicht kümmert, wenn er die zehn Wege des schlechten Handelns einzuschlagen pflegt und viele andere Wesen veranlasst, dazu verleitet, sie dahin bringt und sie darin bestärkt, dass sie die zehn Wege des schlechten Handelns einschlagen, so ist das die fünfte Hauptsünde.

Übersetzung: Moritz Winternitz

Der ideale König

Buddhistische Schriften (Ashoka-avadana, Dipavamsha, Mahavamsha etc.) stellen den Kaiser Ashoka Maurya (270–232 v. Chr.) als den idealen Herrscher dar und bezeichnen ihn mit dem Titel »Liebling der Götter« (devanam priya). Ashokas Reich erstreckte sich über ganz Indien und verlieh damit dem Subkontinent eine politische Einheit. Im neunten Jahr nach seiner Inthronisation griff Ashoka, der seinen Hauptsitz in Magadha (heute: Bundesstaat Bihar) hatte, das Königreich Kalinga (heute: Bundesstaat Orissa) an. Trotz des Sieges war er unglücklich, als er die Toten, Verletzten und die Zerstörung sah. Er trat zum Buddhismus über und legte das Gelübde des Friedens ab. Ohnehin rundete der Sieg über Kanlinga seinen Feldzug ab. Sein Reich streckte sich zu diesem Zeitpunkt von Afghanistan bis zum heutigen Bangladesh sowie vom Himalaya bis fast zur Spitze Südindiens. Ashoka widmete sich nun dem Wohl des Volkes und der Verbreitung des Buddhismus. Er entwickelte die Politik der Moral, die er Dharmavijaya – Sieg durch Rechtschaffenheit – nannte. Er baute Straßen, errichtete Rasthäuser, pflanzte Bäume am Straßenrand, berief das dritte buddhistische Konzil ein, baute Stupas, Klöster und Tempel, schickte seinen Sohn Mahendra (Pali: Mahinda) nach Sri Lanka, um dort zu missionieren, und trat im Alter in den Orden ein. Obwohl er selbst Buddhist war, förderte er alle Religionen, die zu dieser Zeit in Indien verbreitet waren. In allen Gebieten seines Reichs ließ er seine Edikte auf Säulen und Felsen einmeißeln. Diese Inschriften werfen Licht auf Ashokas Politik der Moral. Das, wozu er sein Volk aufrief, war für Anhänger aller Religionen praktizierbar. Er rief die Menschen zum Gehorsam gegenüber Eltern, zur Großzügigkeit gegenüber Freunden, mäßigen Geldausgabe und Verzicht auf Streit auf (Felsenedikt 3); er riet seinem Volk zur Übung der Selbstbeherrschung, Reinheit des Herzens, Dankbarkeit und Treue (Felsenedikt 7); er sagte: »Man sieht nur seine guten Taten und sagt: ›Diese gute Tat habe ich getan.‹ Man sieht aber nicht seine schlechten Taten und sagt nicht: ›Diese schlechte Tat habe ich getan. Diese Tat ist (schlichtweg) Korruption.‹ Solche Selbstbetrachtung ist schwierig. Trotzdem muss man sich selbst beobachten und sagen: ›Diese Taten führen zu Korruption, Brutalität, Grausamkeit, Ärger und Stolz. Ich werde eifrig aufpassen, dass ich niemanden aus Neid verleumde. Dies wird für mich ein Vorteil in dieser Welt sein, aber auch ein Vorteil in der nächsten Welt« (Felsenedikte 9 und 11).

Ashoka Maurya verkörpert für die Buddhisten die Harmonie zwischen Macht und Religion und dient als Vorbild der Laien.

Verantwortung

Ein Familienvater hat seine Pflichten gegenüber seinen Kindern. Ein Firmenbesitzer macht sich Gedanken über den Umsatz seiner Fabrik. Ein Politiker untersucht ständig die Folgen seiner Politik. Ein Hausbesitzer beschützt seinen Besitz und so ließen sich all die vielen Aufgaben, Pflichten, Interessen und Funktionen aufzählen, die man zuhause in der Familie, bei der Arbeit, im Beruf und in der Öffentlichkeit zu berücksichtigen hätte. Wir können nicht sagen, dass diese Leute, die in den erwähnten Grenzen ihre Pflicht tun, gierig oder ausbeuterisch sind. Sie tragen die Verantwortung für ihre persönlichen oder für die allgemeinen Angelegenheiten. Sie tragen die Verantwortung gegenüber ihrer Familie oder der Institution, in derem Namen sie wirken.

Thich Nhu Dien

Die feste Redewendung, mit der ein guter Mensch in den heiligen Texten beschrieben wird, erläutert die Ethik des Buddhismus. Hier die Redewendung für einen König: Er war »gläubig, gütig, nobel, widmete sich dem eigenen Wohle sowie dem Wohle anderer, mitleidsvoll, großmütig, die Rechtschaffenheit liebend und war liebevoll zu seinem Volk«.

- *Jeder Buddhist, ob Mönch, Herrscher oder Laie, trägt Verantwortung in seinem Bereich. Stellen Sie zusammen, welchen Grundsätzen ein pflichtgemäßes Handeln jeweils gehorchen muss.*
- *Vergleichen Sie die Regeln der Laienethik, wie sie auf den Seiten 47–49 zusammengestellt sind, mit den Geboten anderer Religionen.*

Ein kranker Mönch darf sich auf seine Klosterbrüder verlassen (siehe S. 45).

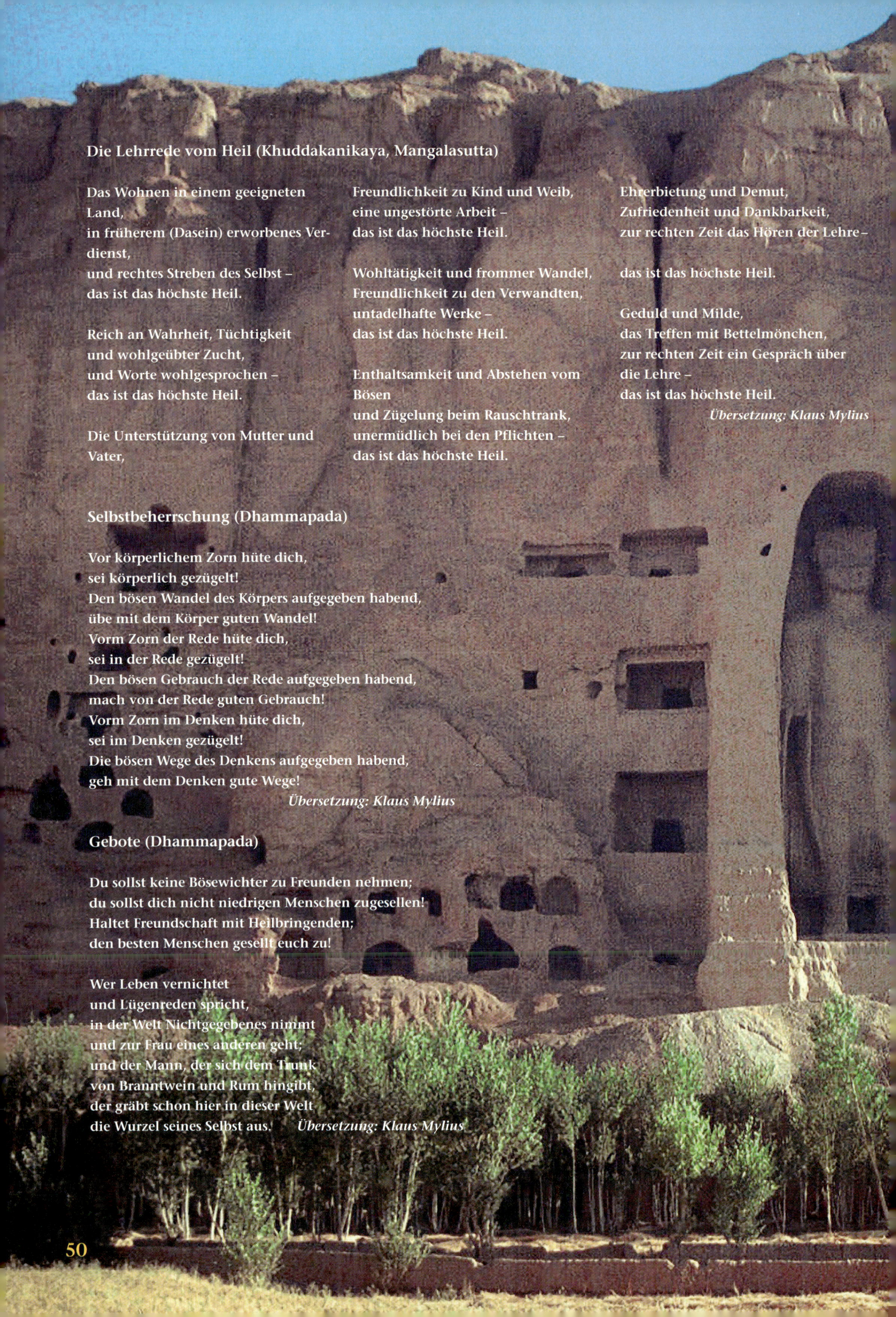

Die Lehrrede vom Heil (Khuddakanikaya, Mangalasutta)

Das Wohnen in einem geeigneten Land,
in früherem (Dasein) erworbenes Verdienst,
und rechtes Streben des Selbst –
das ist das höchste Heil.

Reich an Wahrheit, Tüchtigkeit
und wohlgeübter Zucht,
und Worte wohlgesprochen –
das ist das höchste Heil.

Die Unterstützung von Mutter und Vater,
Freundlichkeit zu Kind und Weib,
eine ungestörte Arbeit –
das ist das höchste Heil.

Wohltätigkeit und frommer Wandel,
Freundlichkeit zu den Verwandten,
untadelhafte Werke –
das ist das höchste Heil.

Enthaltsamkeit und Abstehen vom Bösen
und Zügelung beim Rauschtrank,
unermüdlich bei den Pflichten –
das ist das höchste Heil.

Ehrerbietung und Demut,
Zufriedenheit und Dankbarkeit,
zur rechten Zeit das Hören der Lehre –

das ist das höchste Heil.

Geduld und Milde,
das Treffen mit Bettelmönchen,
zur rechten Zeit ein Gespräch über die Lehre –
das ist das höchste Heil.

Übersetzung: Klaus Mylius

Selbstbeherrschung (Dhammapada)

Vor körperlichem Zorn hüte dich,
sei körperlich gezügelt!
Den bösen Wandel des Körpers aufgegeben habend,
übe mit dem Körper guten Wandel!
Vorm Zorn der Rede hüte dich,
sei in der Rede gezügelt!
Den bösen Gebrauch der Rede aufgegeben habend,
mach von der Rede guten Gebrauch!
Vorm Zorn im Denken hüte dich,
sei im Denken gezügelt!
Die bösen Wege des Denkens aufgegeben habend,
geh mit dem Denken gute Wege!

Übersetzung: Klaus Mylius

Gebote (Dhammapada)

Du sollst keine Bösewichter zu Freunden nehmen;
du sollst dich nicht niedrigen Menschen zugesellen!
Haltet Freundschaft mit Heilbringenden;
den besten Menschen gesellt euch zu!

Wer Leben vernichtet
und Lügenreden spricht,
in der Welt Nichtgegebenes nimmt
und zur Frau eines anderen geht;
und der Mann, der sich dem Trunk
von Branntwein und Rum hingibt,
der gräbt schon hier in dieser Welt
die Wurzel seines Selbst aus. *Übersetzung: Klaus Mylius*

Arbeitseinsatz als Spende

Ende 1989 fiel die Mauer zwischen Ost und West. Der Kommunismus in Osteuropa ist zusammengebrochen. Viele Vietnamesen, die in Ostdeutschland, in der Tschechoslowakai, in Russland oder Ungarn, von der vietnamesischen Regierung als Leiharbeiter verdungen worden waren, flüchteten nach Deutschland. Natürlich suchten sie zuerst Hilfe bei den Pagoden. Die Pagode war in der Geschichte Vietnams stets ein Hort des Asyls. Mit den Flüchtlingen kamen auch Hilfskräfte zur Pagode. Zwar waren es selten gelernte Arbeitskräfte, aber sie alle erwiesen sich als geschickt und hatten eine schnelle Auffassungsgabe. So lernten sie auch schnell die Arbeiten auszuführen. Es war wie ein Wunder. Diese Helfer waren in der Mehrzahl Vietnamesen aus dem Norden Vietnams. Sie waren teilweise gläubig, aber doch ohne jede religiöse Vorkenntnis. In der kommunistischen Gesellschaft gab es keinen Platz für die Religion. Deshalb waren sie auch nicht vertraut mit den Anredeformen gegenüber dem buddhistischen Klerus. Uns stört das gar nicht. Sie kamen mir vor wie meine Verwandten, die lange verreist waren und nun heimkehrten. Die Zahl der Helfer nahm mit jedem Tag zu, ständig hielten sich zwischen 15 und 20 junge Männer bei uns auf, nur um zu helfen. Ohne ihre Hilfe wären die Arbeiten an der Pagode bis heute noch nicht abgeschlossen. Mögen diese verdienstvollen Taten der Erleuchtung der Lebewesen gewidmet sein. [...]
Bei unserem Projekt haben uns viele sehr leise geholfen, ohne großes Aufsehen davon zu machen. Sie freuten sich über unseren Erfolg genauso still, wie sie sich an ihm selbst beteiligt hatten. Das waren die hilfreichsten Hände beim Bau der Pagode. Viele ältere Menschen trugen ihren Teil dazu bei, indem sie kleine Kuchen zu den Festen verkauften, die sie selbst gebacken hatten. Jeder Kuchen wurde so zu einem Baustein im Mauerwerk der Pagode.

Thich Nhu Dien, Abt des Klosters Vien Giac

5. Stellungnahmen zu aktuellen Fragen

Wahrhaftigkeit aller Religionen

Es gibt nur eine Wahrheit, doch es gibt viele Wege, die zur Wahrheit führen. Es ist jedem freigestellt, welchen Weg er einschlagen will. Niemand weiß genau, welches der allerbeste Weg zur Wahrheit ist. Der Weg, der für einen gut ist, kann für den nächsten schon falsch sein. Viele Missionare agierten in dem Glauben, dass nur ihre Religion die richtige sei. Wenn wir deren Verhalten aber genauer betrachten, müssen wir feststellen, dass sie mit diesem Vorurteil sich schon an der Religion selbst vergangen haben. Diesen Fehler unnachsichtiger Rechthaberei haben nicht die Gründer der Religionen begangen, sondern ihre Anhänger, welche die falschen Schlüsse aus der Lehre ihrer Gründer gezogen haben.

Thich Nhu Dien

Zusammenleben mit Andersgläubigen

Wir leben im Zeitalter der großen Krise, in einem Zeitalter der Entwicklungen in der Welt, die Schwierigkeiten verursachen. Es ist nicht möglich, den Frieden der Seele zu finden, wenn Sicherheit und Harmonie zwischen den Völkern fehlen. Aus diesem Grunde schaue ich nach vorne mit Zuversicht und Hoffnung auf mein Treffen mit dem Heiligen Vater (gemeint ist Papst Johannes Paul II.), um Gedanken und Gefühle auszutauschen und seine Vorschläge anzuhören, so dass die Tür zur fortschreitenden Befriedung zwischen den Völkern aufgeht. [...]
Ich glaube stets, dass es viel besser ist, wenn es verschiedene Religionen und verschiedene Philosophien gibt, als wenn es nur eine einzige Religion oder Philosophie gäbe. Dies ist notwendig, da jeder Mensch eine andere geistige Disposition hat. Jede Religion hat gewisse einmalige Ideen oder Techniken, und darüber etwas zu erfahren, kann nur unseren eigenen Glauben bereichern. *XIV. Dalai Lama*

Krieg und Frieden

Seine Heiligkeit, der XIV. Dalai Lama kämpft gewaltlos für die Befreiung Tibets. Auch der Ehrwürdige Thich Quang Do setzt sich für die Religionsfreiheit der Vietnamesen ohne Gewalt ein. Die tibetischen Mönche haben jedoch unter der Führung vom Dalai Lama in den 1950er Jahren mit Waffen gegen die Chinesen gekämpft. Die Mönche übergaben ihren Feinden die Waffen, nachdem sie den Krieg verloren haben. Thich Quang Do und andere Mönche, die heute zur Unified Buddhist Church of Vietnam gehören, haben mit Telegrammen und anderen Mitteln die Vietcongs zum Kampf ermuntert. Die sinhalesische Chronik der Mahavamsa berichtet, dass die Mönche den Krieger Dutugemunu begleiteten, als er gegen die Nichtbuddhisten kämpfte; einer der Mönche hatte in diesem Krieg sogar den militärischen Rang eines Generals inne. Auch heute gibt es in Sri Lanka militante Mönche, die gegen die Tamilen mit Gewalt vorgehen, und andere Mönche, die die Regierung zur Gewalt ermuntern. Ferner sehen viele Mönche in Sri Lanka in den Theorien von Marx und/oder Mao die Lösung der wirtschaftlichen und gesellschaftlichen Probleme in ihrem Land. Die Koreaner warten noch immer vergeblich darauf, dass Japan sich offiziell für sein Kriegsverbrechen entschuldigt; auch die sogenannten Trostfrauen, Koreanerinnen, die für die japanischen Soldaten zur Prostitution gezwungen wurden, warten auf eine menschliche Geste Japans. All diese Beispiele zeigen, dass, obwohl die Buddhisten stets die Gewaltlosigkeit betonen, sie sich der Gewalt bedienen, wenn sie dies für nötig halten, wobei die Mönche in verschiedenen Ländern sich unterschiedlich verhalten. In einigen Ländern kämpfen sie mit der Waffe in der Hand, in den anderen Ländern ermuntern sie die Kämpfer.

Die Verantwortung der Länder und des Individuums

Der Frieden, wenn dieser nur die Abwesenheit des Krieges bedeutet, hat wenig Sinn für jemanden, der durch Hunger oder Kälte stirbt. Dies wird den Schmerz eines Gefangenen [...], der ihm durch die Folter zugefügt wird, nicht beseitigen. Dies wird nicht diejenigen trösten, die ihre geliebten Menschen durch eine Flut

- *Welche Einstellung soll das Verhältnis der Religionen zueinander bestimmen? Wie sehen Sie das Spannungsfeld zwischen Wahrheit und Toleranz?*
- *Erörtern Sie an Beispielen, wie die Verantwortung für andere, die Verhinderung von Not und Unterdrückung einerseits und die Suche nach dem eigenen Seelenheil andererseits bei der Frage nach Krieg und Frieden gewichtet werden sollte.*
- *Vergleichen Sie diese Vorstellungen von Krieg und Frieden mit denen des Christentums und des Islam.*

verloren haben, die durch die sinnlose Abholzung der Wälder in einem Nachbarland verursacht wurde. Frieden kann es nur dort langfristig geben, wo die Menschenrechte respektiert werden, wo die Menschen versorgt und wo die einzelnen Menschen und die Nationen frei sind. [...]

Wir müssen das Gefühl für die universale Verantwortung entwickeln, nicht nur im geografischen Sinne, sondern auch hinsichtlich verschiedener Probleme, mit denen unser Planet konfrontiert wird. Diese Verantwortung tragen nicht nur die führenden Persönlichkeiten oder Menschen, die für bestimmte Aufgaben eingestellt oder gewählt worden sind. Jeder von uns trägt Verantwortung. Der Frieden fängt zum Beispiel mit jedem von uns an. Wenn wir den inneren Frieden haben, können wir gemeinsam mit den anderen, die uns umgeben, friedlich sein. Wenn unser Volk sich im Zustand des Friedens befindet, kann es seinen Frieden mit dem Volk im Nachbarland teilen usw. [...] Es gibt Wege, mit denen wir bewusst arbeiten können, damit unser Gefühl für Liebe und Güte sich entwickelt. Für viele unter uns sind die religiösen Übungen der wirksamste Weg. Für andere kann dieser aus nichtreligiösen Übungen bestehen. Wichtig ist, dass jeder von uns ernsthaft versucht, die Verantwortung für die anderen und für die Umwelt zu tragen. *XIV. Dalai Lama*

Das Konzept der gewaltfreien Zone

Es ist mein Traum, dass die gesamte tibetische Hochebene eine freie Zuflucht sein wird, wo Menschen und Natur in Frieden und im harmonischen Gleichgewicht leben werden. Es soll ein Ort sein, wohin die Menschen aus allen Erdteilen kommen und die wahre Bedeutung des Friedens in sich selbst suchen werden; hier, wo sie sich weit weg von den Orten der Welt, die mit Spannung und Druck beladen sind, befinden werden. [...]

Die Schlüsselelemente der vorgeschlagenen Zone der Ahimsa (Gewaltlosigkeit) sind die folgenden:

Die gesamte tibetische Hochebene soll entmilitarisiert werden. Die Herstellung, der Test und die Lagerung von Atomwaffen oder anderen Kriegsausrüstungen auf der tibetischen Hochebene sollen verboten sein.

Die tibetische Hochebene soll zum größten Naturpark bzw. zur größten Biosphäre der Welt umgewandelt werden. Strenge Gesetze sollen durchgesetzt werden, um die Wildtiere und Pflanzen zu schützen; die Ausbeutung natürlicher Ressourcen soll sorgfältig geregelt sein, damit das relevante Ökosystem nicht beschädigt wird; in den besiedelten Gegenden soll eine dauerhafte Entwicklung angestrebt werden.

Die Herstellung und der Gebrauch der Nuklearenergie und anderer Technologien, die gefährliche Abfälle nach sich ziehen, sollen verboten werden.

Die natürlichen Ressourcen und die Politik sollen für die aktive Förderung des Friedens und des Umweltschutzes eingesetzt werden. Organisationen, die sich für den Frieden und Schutz aller Lebewesen einsetzen, würden in Tibet gastfreundlich aufgenommen werden.

Die Niederlassung internationaler und regionaler Organisationen, die sich für die Förderung und den Schutz der Menschenrechte einsetzen, würden in Tibet ermutigt werden.

XIV. Dalai Lama

Für wie wünschenswert und wie realistisch halten Sie den »Traum« des Dalai Lama?

Wirtschaftsethik

Wir haben den Konzernen die Macht gegeben über alles, was unser Leben ausmacht. Sie sind aufgestiegen zu souveränen Bürgern, wir aber wurden zu Konsumenten degradiert. In ihren Händen sind Macht und Reichtum konzentriert. Sie formen und gestalten unsere Gesellschaft und unsere Welt. Sie gestalten unsere Ziele und unsere Sehnsüchte. Sie geben uns unsere Gedanken und unsere Sprache vor. Sie erschaffen die Sinnbilder und Metaphern unserer Zeit, die unsere Kinder benutzen, um die Welt, in der sie leben, und sich selbst zu definieren. Mit anderen Worten: genau das, was, die Großkonzerne gekonnt machen, das was ihre Aufgabe ist, das ist das Kernproblem. [...]

Gemäß dem Buddhismus ist die Wurzel des Übels menschlicher Probleme die Gier, mitunter wird daneben auch Ignoranz genannt. Ist dies auch das Problem der Konzerne? Es ist die Natur unseres Geistes (oder zumindest eine natürliche Tendenz), niemals mit dem zufrieden zu sein, was wir haben, sondern immer mehr zu wollen. Die Tendenz der Konzerne, nach Wachstum und ständig größeren

Die Zivilisation der Menschheit wird eine Regierung mit einer Ideologie oder politischem System nicht erlauben, die absichtlich universale Werte ausklammert und einen eisernen Vorhang aufrichtet, um einen Teil der Menschheit in den Schatten der Geschichte zu stellen, hinter ein vages Konzept von selbsterfundener Entschuldigung namens »Internationale Angelegenheit«. [...] Das Böse hält sich nicht lange aufrecht; die Geschichte hat niemals aufgehört, dies zu demonstrieren. Thich Quang Do

❖ *Wie begründet der Buddhismus seine Kritik am Kapitalismus bzw. an den großen Konzernen? Enthält der Buddhismus damit eine Aufforderung in Armut zu leben?*

❖ *Die christliche Position gegenüber dem Marktgeschehen und auf dem Erwerbsstreben der Menschen ist recht ähnlich – suchen Sie nach Aussagen hierzu.*

❖ *Wie würden Sie hier Stellung nehmen?*

Profiten zu streben, weist auf ein ähnliches Problem hin. [...]

Der Schluss, den ich als Buddhist daraus ziehe, ist, dass transnationale Konzerne generell problematisch sind. Wir können die Probleme nicht dadurch lösen, indem wir uns an dieser oder jener Maßnahme eines einzelnen Konzernes reiben; es ist die Institution selbst, die das Problem darstellt. Ich sehe – bei der gegebenen Struktur – nicht, wie wir den Mangel an Mitgefühl beheben können. Also müssen wir entscheiden, ob es die Möglichkeit gibt, sie fundamental zu reformieren oder ob wir sie durch bessere wirtschaftliche und politische Einrichtungen ablösen müssen – besser insofern diese dann Verantwortung tragen nicht gegenüber anonymen Investoren, sondern gegenüber den sozialen Gemeinschaften, in denen sie wirken. Besser insofern sie nicht durch Profitdenken angetrieben werden, sondern vom Gedanken des Dienstes am Planeten Erde und den Wesen, die diesen bevölkern. So lange aber Kapitalgesellschaften die Speerspitze der ökonomischen Globalisierung bleiben, gefährden sie die Zukunft unserer Kinder und der Welt, in der sie leben. *David Loy*

Schutz der Natur

Nur der wirkliche Buddhist kann die Natur auf der tiefgründigsten Ebene schützen, auf der mentalen. Ist die geistige Natur geschützt, so kann die äußere physische Natur sich selbst schützen.

Reden wir über diese innere geistige Natur, so sollten wir ein anderes Wort dafür benutzen, das Wort »Dhammadhatu«, die natürliche Essenz des Dhamma. [...] Wenn diese innere Natur, wenn Dhammadhatu geschützt wird, bleibt kein Raum für Selbstbezogenheit oder Egoismus. Dann ist gewiss, dass da kein »Selbst« ist, dann herrscht Freiheit von »mir« und »mein«, dann herrscht Selbstlosigkeit. Wenn es keine Selbstsucht gibt, ist nichts mehr übrig, das nach draußen geht und die Natur zerstört. Sich gerade einmal für den Schutz der physischen Natur einzusetzen, gereicht keinem Buddhisten zur Ehre, das ist ein Kinderspiel. Statt dessen sollten alle Buddhisten in der Lage sein, diese innere Natur, den Dhammadhatu, zu bewahren. Dies in Wahrheit ist angemessen und ehrhaft für die, die dem Erhabenen, dem Buddha, folgen. [...]

Natur hat mindestens vier grundlegende Aspekte, denen wir auf den Grund gehen sollten:

- die Natur an sich
- das Gesetz der Natur
- die Notwendigkeit, sich an der Natur auszurichten, und
- das Ergebnis dessen, das durch die Ausführung dessen im Einklang mit den Naturgesetzen entsteht.

Lasst uns zunächst über uns selbst reflektieren. Jeder Mensch hat von Natur aus einen Körper. In uns wirkt das grundlegende dhammagemäße Naturgesetz, das alles reguliert. Jeder Bestandteil in uns setzt konsequent das Gesetz der Natur um. Mit jeder Tätigkeit praktizieren wir die Aufgabe, das Gleichgewicht in der Natur aufrechtzuerhalten. In Abhängigkeit davon, wie wir diese Pflicht ausführen, erfahren wir das Resultat, die Früchte unserer Taten: Glück und Leid, Befriedigung und Unzufriedenheit. In uns selbst, innerhalb dieses physischen Körpers, befinden sich alle vier Bedeutungen von Natur.

So wie wir in jedem Menschen alle vier Aspekte der Natur finden können, so können wir in allem diese vier Aspekte finden. Und im gesamten Universum mit all seinen Subsystemen können wir das Wesen der Natur erkennen, das Naturgesetz, die Aufgabe der Natur und die Ergebnisse der Natur. [...] Wenn wir die Natur nicht völlig verstehen, wenn wir nicht alle vier Aspekte verstehen, vergeuden wir nur unsere Zeit, während wir vom Naturschutz faseln. [...]

Wenn wir alle Aspekte der Natur verstehen und das Gesetz in unserem Inneren bewahren, wird es unmöglich sein, dass Selbstsucht und Egoismus Einfluss auf uns nehmen. Wenn es kein Ego und keine

Reisbauern als Landschaftsgärtner auf den Terrassenfeldern bei Munduk (Bali)

Selbstsucht gibt, gibt es nichts, das die Natur zerstört, nichts, was die Natur ausbeuten oder missbrauchen wird. Dann wird der externe, physische Aspekt der Natur in der Lage sein, den Schutz selbstgesteuert durchzuführen. [...] Ohne Selbstsucht wird diese Welt natürlich rein und wunderschön. *Buddhadasa Bhikkhu*

Die Rolle der Frau im Buddhismus

Regeln für die Nonnen
(Vinayapitaka, Cullavagga X)

»1. Wenn eine Nonne schon hundert Jahre lang im Orden ist, so muss sie einen Mönch, der erst am heutigen Tage in den Orden aufgenommen wurde, begrüßen, vor ihm aufstehen, die gefalteten Hände erheben und ihm gebührende Verehrung beweisen.

2. Eine Nonne darf nicht in einem Distrikt, wo es keine Mönche gibt, die Regenzeit verbringen.*

3. Jeden Halbmonat sollen die Nonnen sich wegen zweier Dinge an die Mönchsgemeinde wenden: sie sollen wegen [der Zeit] der Uposathfeier** anfragen und an sie mit der Bitte um die Ermahnungspredigt herantreten.

4. Wenn die Regenzeit vorüber ist, haben die Nonnen an beide Gemeinden [die der Mönche und die der Nonnen] die Einladung [Pavaran] in den drei Belangen zu machen [nämlich die Einladung, es ihr zu melden, wenn man irgendein Vergehen ihrerseits] gesehen oder [von einem solchen] gehört hat oder es argwöhnt.

5. Wenn eine Nonne ein schweres Vergehen begangen hat, soll sie sich der halbmonatlichen Manatta-Sühne bei beiden Gemeinden unterziehen.

6. Wenn eine Novize sich zwei Jahre lang in den sechs Geboten*** eingeübt hat, soll sie bei beiden Gemeinden um die Aufnahme in den Orden [upasampada] ansuchen.

7. Ein Mönch darf unter keinen Umständen von einer Nonne geschmäht oder gescholten werden.

8. Von heute an ist den Nonnen der Pfad der Rede gegenüber den Mönchen verboten, nicht verboten ist den Mönchen der Pfad der Rede gegenüber den Nonnen.

Wenn, Ananda, Mahapajapati diese acht schweren Pflichten auf sich nimmt, so möge das als ihre Aufnahme in den Orden gelten.«

Ananda meldet das alles der Mahapajapati Gotami. Sie übernimmt die acht Pflichten und ist damit in den Orden aufgenommen. Ananda berichtet das dem Buddha. Dieser aber erklärt, dass die Religion durch die Gründung des Nonnenordens Schaden leiden werde und schließt mit den Worten:

»Gerade so, Ananda, wie wenn auf ein gut bestelltes Zuckerrohrfeld die Mehltau genannte Krankheit gefallen ist, dieses Zuckerrohrfeld nicht lange besteht, ebenso, Ananda, dauert das heilige Leben nicht lange, wenn in einer Lehre und Ordnung den Frauen gestattet wird, aus dem Haus in die Hauslosigkeit zu ziehen. Gleichwie aber, Ananda, ein Mann aus Vorsicht bei einem großen Teich einen Damm aufrichtet, damit das Wasser nicht darüber hinweggehe, genau so, Ananda, sind von mir aus Vorsicht diese acht schweren Pflichten für die Nonnen vorgeschrieben worden, damit sie diese, solange sie leben, nicht überschreiten.« *Übersetzung: Moritz Winternitz*

** Während der drei Monate der Regenzeit mussten die buddhistischen Mönche ihre Wanderungen unterbrechen. Sie verbrachten diese Zeit in der Nähe von Städten und Dörfern.*

*** Gemeint ist das Beichtritual am Neu- und Vollmondtage*

**** Nämlich die Gebote, sich der Tötung lebender Wesen, des Stehlens, der Unkeuschheit, der Lüge, des Trinkens berauschender Getränke und des Essens zur Unzeit zu enthalten.*

❖ *Der moderne Buddhismus plädiert für einen reflektierten Umgang mit der Natur. Welche Grundsätze sollen uns danach leiten?*

❖ *Welche Grundlagen für das Verhältnis von Mann und Frau sind für Buddhisten wichtig? Bedenken Sie hier für auch die Ansichten zu Körper und Seele.*

»Kein Verkauf von Mädchen an Bordelle« steht handschriftlich am hölzernen Dorftor von Hat Pakhon in der Provinz Nan [Thailand], »kein Glücksspiel, kein illegaler Holzschlag, wer mit Drogen handelt, begeht ein Verbrechen gegen das Dorf und wird exkommuniziert.« 20 Verhaltensregeln, mit Geldstrafen bewehrt. Die 500 Einwohner haben sich die Gebote selbst gegeben. Stärkung der Moral durch Selbstverantwortung ist das Konzept von Abt Prakrue Ptak Nantakun. [...] »Die Regierung mag es nicht, wenn sich die Leute selbst Gesetze geben«, sagt der Abt fröhlich. »Aber es ist erfolgreich.«

IV. Buddhismus in der Gegenwart

Savodaya in Sri Lanka

Ein junger buddhistischer Lehrer aus Sri Lanka besuchte in der Kolonialzeit Indien und lernte die Sarvodaya-Bewegung – Wohlfahrt für alle – in Indien kennen, eine Bewegung, die von Mohandas Karamchand Gandhi, besser bekannt als Mahatma Gandhi (1869–1948), geplant und durchgeführt wurde. Das Ziel von Gandhis Sarvodaya-Bewegung war die Entwicklung der indischen Dörfer. Zurück in seiner Heimat setzte der Lehrer das Sarvodaya-Modell, nach dem auch heute noch in den Dörfern Indiens gearbeitet wird, für die Entwicklung Sri Lankas ein. Das Ziel ist der bescheidene Wohlstand und die Bildung der Armen und Benachteiligten in den Dörfern. Seit etwa 1960 nehmen sowohl die Laien als auch viele Mönche aktiv an der Sarvodaya-Bewegung teil. Besonders junge Mönche unterstützen die Bewegung dadurch, dass sie selbst in die Dörfer ziehen und dort mit Planung und Organisation das Los der Dorfbewohner zu verbessern versuchen. Die Institution Pa-thakada Bhikkhu Training Centre bildet die Mönche für die Arbeit aus. Ein wichtiger Aspekt der Sarvodaya-Bewegung ist die körperliche Arbeit. Die Mönche scheuen die körperliche Arbeit nicht; sie arbeiten mit den Bauern auf den Feldern und nehmen die Schaufel in die Hand, wenn eine Dorfstraße gebaut wird. Die körperliche Arbeit nennen sie, wie Vinova Bhave, der Schüler von Gandhi, Shrama-dana – Schenkung in Form von körperlicher Arbeit. Mönche, die sich der Sarvodaya-Bewegung anschließen, vermitteln nicht nur die Lehre des Buddha, sondern unterrichten auch weltliche Themen, die den Menschen beim Meistern des Lebens helfen. Ferner setzen sie sich dafür ein, dass die Dorfbewohner bei den Behörden ihre Rechte bekommen. Sie bringen auch den Bauern moderne Landwirtschaft bei. Nach dem fehlgeschlagenen Aufstand der maoistischen Bewegung bildeten die Mönche der Sarvodaya-Bewegung die Organisation Sarvodaya Sangha Samanelya (Sarvodaya Monk Front), damit sie nicht von den linken Bewegungen vereinnahmt werden. Die Teilnahme an der Sarvodaya-Bewegung durch die Mönche findet unter Studenten und armen Dorfbewohnern Ankennung, wobei elitäre Mönche und Laien darin eine Verletzung der Lehre Buddhas sehen.

Dorfbewohner beim Anfertigen von Ziegeln

Seine Heiligkeit der vierzehnte Dalai Lama Tenzin Gyatso

Seine Heiligkeit, der XIV. Dalai Lama Tenzin Gyatso ist sowohl das geistliche als auch das staatliche Oberhaupt der Buddhisten aus Tibet. Geboren wurde er am 6. Juli 1935 in dem kleinen Dorf Taktser im nordöstlichem Tibet als Sohn eines Bauern. Schon in seinem zweiten Lebensjahr erkannte er, dass er die Inkarnation des XIII. Dalai Lama war. Der XIII. Dalai Lama war seinerseits eine Inkarnation vom Bodhisattva Avalokitesvara. Daher gilt der XIV. Dalai Lama auch als die Inkarnation des Avalokitesvara, dessen Nachkommen die heutigen Tibeter sind, wie sie selbst behaupten. Die erste massive Invasion in Tibet durch China geschah im Jahre 1950. Zunächst versuchten der Dalai Lama und andere Geistliche sowohl mit Gesprächen als auch mit gewaltsamem Widerstand Tibets politische und kuturelle Freiheit aufrechtzuerhalten. Nachdem alle Versuche gescheitert waren und Tibet 1959 endgültig von China besetzt wurde, floh der Dalai Lama nach Indien und ließ sich dort nieder.

Millionen tibetischer Flüchtlinge überall in der Welt, deren Zahl ständig stieg, erwarteten nun vom Dalai Lama eine Lösung ihrer Probleme. Auch wenn der Dalai Lama seinem Volk die Heimat nicht zurückgeben konnte, ermöglichte er ihnen die Bewahrung ihrer Identität, was von den Tibetern hoch geschätzt wird.

Seine Heiligkeit der XIV. Dalai Lama Tenzin Gyatso

In Dharamsala (Indien) bildete der Dalai Lama 1960 seine Exilregierung, die sich um den Zusammenhalt der tibetischen Flüchtlinge und ihr Wohl kümmert, wobei die weltliche Prosperität genauso berücksichtigt wird wie das religiöse Leben. Durch seine Bemühung war es möglich, dass die Tibeter sich in Indien in landwirtschaftlichen und kaufmännischen Bereichen etablierten. Die schon im Jahre 1959 gegründete Einrichtung »The Tibetan Institute of Performing Arts« sorgte dafür, dass die Tibeter im indischen Exil ihre traditionelle Kunst weiterhin am Leben halten können; die Institution »Central Institute of Higher Tibetan Studies« ist heute die Universität der Tibeter in Indien. In mehr als zweihundert Klöstern in Indien wird der tibetische Buddhismus gelebt und gelehrt. Für die Erhaltung ihrer kulturellen Identität sind die Tibeter ihrem Oberhaupt dankbar.

Der Dalai Lama versucht, auf friedlichem Weg die Unabhänggkeit Tibets zurückzugewinnen. Als Buddhist möchte er hierbei auf alle Arten von Gewalt verzichten. Für sein gewaltloses Engagement für Tibet und sein Volk erhielt er 1989 den Friedensnobelpreis. In seiner Rede aus diesem Anlass am 11. 12. 1989 in Oslo sagte er, dass die Verleihung des Nobelpreises nicht nur ihm, sondern auch seinem Volk und seinem geistigen Mentor Mahatma Gandhi gelte. Ohne Zorn und Hass, wie er betonte, erinnerte er China an das Leid des tibetischen Volkes. Der Nobelpreis ist jedoch nicht die einzige Anerkennung, die er für seinen unermüdlichen gewaltlosen Einsatz für Tibet erhielt. Der Dalai Lama verkündet immer wieder sein vollkommenes Vertrauen in die Gewaltlosigkeit, die ein fester Bestandteil des Buddhismus ist. Er hat eine demokratische Konstitution für das befreite Tibet ausgearbeitet, die auf dem tibetischen Buddhismus basiert. Der Dalai Lama strebt im befreiten Tibet kein politisches Amt an.

Der Dalai Lama glaubt an eine friedliche Koexistenz der Religionen. Daher steht er in Kontakt mit Autoritäten anderer Religionen, zum Beispiel mit Papst Johannes Paul II., dem Erzbischof von Canterbury und den Vorsitzenden der jüdischen Gemeinden. Er nahm im Jahr 2001 am hinduistischen Pilgerfest Kumbhamela teil. Das Kumbhamela ist das

❖ Welche grundlegenden buddhistischen Überzeugungen finden Sie bei dem Dalai Lama, bei Thich Quang Do und bei Satya Narayan Goenka?

❖ Halten Sie diese Konzeptionen für sinnvolle Ansätze auf der politischen und gesellschaftlichen Ebene dort und weltweit?

größte Pilgerfest der Hindus, das alle zwölf Jahre in Prayag (Allahabad, Indien) am Zusammenfluß von Ganges, Yamuna und des Stroms der unsichtbaren Sarasvati stattfindet. Die Hindus nehmen hier ein rituelles Bad.
Der Dalai Lama, der von der ganzen Welt geschätzt wird, bezeichnet sich selbst als einfachen Mönch. Obwohl er große politische und andere weltliche Verantwortungen für sein Volk trägt und diesen Verpflichtungen stets nachkommt, vernachlässigt er die Religion nicht und führt konsequent das Leben eines buddhistischen Mönchs. Früh um vier Uhr steht er auf, um zu meditieren; nach den administrativen Handlungen empfängt er Besucher, lehrt und predigt und vollzieht Zeremonien. Seinen Tag beendet er mit einer religiösen Übung. Eine der Lieblingsstrophen des Dalai Lama lautet: »Solange das Universum existiert und solange es Leben gibt, solange werde ich daran bleiben, das Elend in der Welt zu vertreiben.« Die Strophe wurde vom buddhistischen Heiligen Shantiveda im 8. Jahrhundert verfasst.

Der Ehrwürdige Thich Quang Do

Der Ehrwürdige Thich Quang Do

Thich Quang Do, der Mönch und stellvertretende Führer der United Buddhist Church of Vietnam, wurde als Dreiundsiebzigjähriger im Jahre 2000 für den Friedensnobelpreis vorgeschlagen. Seit rund zwanzig Jahren erleidet er immer wieder Gefängnisstrafen, Lageraufenthalte und Pagoden-Arreste. Die United Buddhist Church of Vietnam wurde durch die Regierung verboten; der dreiundachtzig Jahre alte Gründer der »Church«, Thich Huyen Quang, befindet sich seit 1981 in Pagoden-Arrest in der Provinz Quang Ngai. Thich Quang Do setzt sich für die religiöse Freiheit der Buddhisten in Vietnam und für die Menschenrechte der Vietnamesen ein. Er ruft die Regierung auf zur Übung von Mitleid und Toleranz, zwei Tugenden des Buddhismus. Mit Briefen erinnert er die Regierung daran, dass der verstorbene Präsident Ho Chi Minh 1947 an die »Buddhist Association of Vietnam« einen Brief geschrieben hat, in dem er den Buddhisten im freien und vereinten Vietnam die Religionsfreiheit versprach. Ferner macht Thich Quang Do die Regierung darauf aufmerksam, dass ohne die Unterstützung der Buddhisten die Befreiung und Vereinigung Vietnams nicht möglich gewesen wäre. Die Regierung soll nun die Gegenleistung erbringen, indem sie für das Wohl des Volkes arbeitet. Sie soll gegen Hunger und Analphabetentum kämpfen. Thich Quang Do leitet seine Ansichten aus dem Buddhismus her, wie er selbst immer wieder betont. Die Aufgabe der Regierung besteht in der Hilfeleistung für das Volk, dem Leiden und Elend zu entkommen, wie einst der Buddha der Menschheit geholfen hat, sich vom Leiden zu befreien. Thich Quang Do lobt die Buddhisten in Vietnam, die Nord- und Südvietnam vereinigt und dadurch den Buddhismus im Land bereichert haben. Diskriminierung ist nach Thich Quang Do keine buddhistische Angelegenheit. Die Trennung der Gesellschaft in Mönche und Nonnen auf der einen Seite und Laien auf der anderen Seite sei eine unbuddhistische Handlung. Beide Parteien sollten zusammenarbeiten und die Masse aus dem Elend erheben. Nicht die vietnamesischen Buddhisten trügen die Schuld an der großen Korruption, sondern die Regierung, die der Bevölkerung keine andere Möglichkeit böte. Thich Quang Do fordert die Regierung auf, die Steuern zugunsten der Bauern zu senken, die ohnehin arm sind.

Ein Gespräch mit Satya Narayan Goenka

Sie beziehen sich ständig auf den Buddha. Lehren Sie Buddhismus?
S. N. Goenka: Ich befasse mich nicht mit »ismen«. Ich lehre Dhamma, das heißt das, was der Buddha lehrte. Er lehrte nie irgendeinen »Ismus« oder eine Doktrin, die sich nur an bestimmte Gruppen oder Glaubensgemeinschaften richtete. Er lehrte etwas, aus dem Menschen jeder Herkunft Nutzen ziehen können: eine Kunst zu leben. In Unwissenheit zu sein schadet jedem; Weisheit zu entwickeln ist gut für jeden. Somit kann jeder diese Technik anwenden und Nutzen daraus ziehen. [...]
Was ist Ihrer Meinung nach der Sinn des Lebens?
Das Leiden hinter sich zu lassen. Ein menschliches Wesen hat die wundervolle Fähigkeit, tief in sich einzudringen, die Wirklichkeit zu beobachten und das Leiden zu überwinden. Diese Fähigkeit nicht zu nutzen hieße, sein

Leben zu verschwenden. Nutzen Sie sie, um ein gesundes, glückliches Leben zu leben! [...]
Was aber, wenn jemand anderes uns Unrecht tut?
Sie dürfen anderen nicht erlauben, Ihnen Unrecht zu tun. Immer wenn jemand etwas Schlechtes tut, schadet er anderen und gleichzeitig auch sich selbst. Wenn Sie es zulassen, dass er Unrecht tut, ermutigen Sie ihn, Unrecht zu tun. Sie müssen mit Ihrer ganzen Macht versuchen, ihn aufzuhalten, aber Sie müssen dabei von Wohlwollen, Mitgefühl und Sympathie für diesen Menschen erfüllt sein. Wenn Sie mit Gefühlen wie Hass oder Zorn handeln, dann verschlimmern Sie die Situation. Sie können jedoch kein Wohlwollen für solch einen Menschen empfinden, wenn Ihr Geist nicht ruhig und friedvoll ist. Deshalb meditieren Sie, lernen Sie, Frieden in sich selbst zu entwickeln. Dann können Sie das Problem lösen.
Was für einen Sinn kann es haben, inneren Frieden zu suchen, wenn es keinen Frieden in der Welt gibt?
Die Welt wird nur friedvoll sein, wenn die Menschen in der Welt friedvoll und glücklich sind. Die Veränderung muss bei jedem Einzelnen beginnen. [...] Wenn Sie den Weltfrieden wollen, sollten Sie lernen, wie Sie selbst friedvoll sein können. Nur dann können Sie der Welt Frieden bringen.
Aber die Handlungen anderer beeinflussen uns doch sicherlich ebenfalls?
Natürlich. Wir werden von den Menschen um uns herum und von unserer Umgebung beeinflusst, und wir selbst wirken gleichermaßen ständig auf sie ein. Wenn sich z.B. eine Mehrheit von Menschen für Gewalt ausspricht, dann gibt es Krieg und Zerstörung, was dazu führt, dass viele leiden müssen. Wenn die Menschen jedoch beginnen, ihren Geist zu reinigen, dann kann es nicht zu Gewalt kommen. Die Wurzel des Problems liegt im Geist jedes einzelnen menschlichen Wesens, weil die Gesellschaft aus Einzelwesen zusammengesetzt ist. Wenn jedes Individuum beginnt, sich zu ändern, dann wird sich die Gesellschaft ändern. Krieg und Zerstörung werden immer seltener werden. [...]
Das Rad des Bedingten Entstehens anzuhalten klingt wie Selbstmord, Selbstauslöschung. Warum sollten wir das wollen?
Nach der Auslöschung seines Lebens zu streben ist ganz gewiss schädlich, genauso wie das Verlangen, sich ans Leben zu klammern. Statt dessen lernt man, der Natur ihren Lauf zu lassen, ohne Verlangen nach irgend etwas zu haben, nicht einmal nach der Befreiung. [...] Es ist die Auslöschung der Illusion von einem »ich«; die Vernichtung des Leidens. Das ist die Bedeutung des Wortes Nibbāna: die Vernichtung des Brennens. Man steht ständig in Flammen, brennt im Feuer des Verlangens, der Aversion, der Unwissenheit. Wenn diese Flammen gelöscht sind, hört das Elend auf. Was dann übrigbleibt, ist nur positiv. Aber dies mit Worten zu beschreiben ist unmöglich, da es jenseits des Bereichs der Sinne liegt. Es muss in diesem Leben erfahren werden – dann wissen Sie, was es ist. Dann wird die Angst vor der Auslöschung verschwinden.
Was geschieht dann mit dem Bewusstsein?
Warum sich darum Sorgen machen? Es wird Ihnen nicht weiterhelfen, über etwas zu spekulieren, das man nur erfahren, nicht beschreiben kann. Das wird Sie nur von Ihrem wirklichen Ziel ablenken, nämlich daran zu arbeiten, dorthin zu gelangen. Wenn Sie dieses Stadium erreichen, werden Sie es selbst erleben und genießen, und alle Fragen werden verschwinden. Sie werden keine Fragen mehr haben! Arbeiten Sie, um dieses Stadium zu erreichen. *Interview: William Hart*

Der Bürgerkrieg in Sri Lanka und die Rolle der buddhistischen Mönche

Soziologen berichten, dass, bevor Sri Lanka englische Kolonie wurde, die buddhistischen Mönche dort traditionell das religiöse Monopol im Bildungswesen innehatten. Sie bildeten bewusst Eliten, welche die Interessen ihres Ordens durchsetzten. Natürlich gab es auch Rivalitäten zwischen den Klöstern. Da nicht jedes Kloster von den Reichen gleichermaßen berücksichtigt wurde, gab es neben einflussreichen auch weniger einflussreiche Mönche. Buddhistische Mönche in Sri Lanka, deren Wohl von der Großzügigkeit der Laien abhing, nahmen schon immer an der Politik teil. Daran hat sich bis heute nichts geändert, wie der Bürgerkrieg in Sri Lanka exemplarisch zeigt. Einflussreiche Mönche beraten die Politiker, um die Vorherrschaft des Buddhismus im Land aufrecht zu halten. Unter den Singhalesen, welche die beiden Streifen in ihrer

Satya Narayan Goenka wurde im Jahre 1924 in einer angesehenen erfolgreichen Unternehmerfamilie in Mandalay, Burma (Myanmar), geboren. Er lernte beim verstorbenen Sayagyi U Ba Khin die Vipassana-Meditation. Im Jahre 1969 kam er nach Indien, ins Land seiner Vorfahren, und bot zum ersten Mal einen zehntägigen Meditationskurs in der genannten Tradition an und gründete schließlich im Jahre 1974 die Vipassana International Academy, Dhamma Giri (wörtlich: der Berg der Lehre) in Igatpuri bei Mumbai (ehemals Bombay). Heute gibt es mehr als achtzig Zentren in einundzwanzig Ländern (Stand: April 2002), die den Angehörigen aller Religionen kostenlose Vipassana-Meditationskurse anbieten. Auch in verschiedenen indischen Gefängnissen werden die Vipassana-Meditationskurse angeboten, was von der indischen Regierung begrüßt wird. Goenka, dessen Eltern Hindus waren, lässt offen, ob er zum Buddhismus übergetreten ist. Er weist auf die universelle Gültigkeit des Buddhismus hin und meint, dass die Lehre des Buddha von allen Menschen praktiziert werden könne. Goenka pflegt Kontakt zu Vertretern anderer Religionen und meint, dass die Kooperation zwischen den Religionen große Beiträge zum Weltfrieden leisten könnte. Wegen seines Engagements für die Verbreitung der Lehre des Buddha gilt er als eine wichtige Persönlichkeit des gegenwärtigen Buddhismus.

Tragen Sie aus Zeitungen, Internet, Literatur Informationen zum Bürgerkrieg auf Sri Lanka zusammen.
Setzen Sie sich mit der These auseinander, dass Religion für politische Ziele missbraucht wird.

Fahne beseitigt sehen wollen, befinden sich buddhistische Mönche und Laien. Die Streifen symbolisieren die hinduistischen Tamilen und die Muslime in Sri Lanka.

Fremdes Leid muss ich vernichten, weil es ein Leid ist wie mein eigenes Leid. Wohltun muss ich auch den anderen, weil sie Wesen sind, wie ich ein Wesen bin.
Bodhicaryavatara VIII, 94

Buddhistische Mönche in Sri Lanka haben, wenn sie es für nötig hielten, selbst Gewalt angewendet und die Führung des Landes zur Gewalt ermuntert. Als 1848 die buddhistischen Mönche ihr Interesse in Gefahr sahen, weil die britische Regierung die Landbesitzer nicht dazu zwingen wollte, die traditionelle Abgabe an die buddhistischen Klöster, eine Art Kirchensteuer, zu leisten, revoltierten die Mönche. Der Mahavamsa, die religiös-historische Chronik von Sri Lanka, wurde von singhalesischen Mönchen verfasst. Er berichtet, dass die buddhistischen Mönche den Krieger Dutugemunu (161–137 v. Chr.) gefördert haben, als er gegen die Nichtbuddhisten, die aus Indien kamen, kämpfte. Dutugemunu gewann die Schlacht, bei der ihn fünfhundert Mönche und ein Mönch, der als General fungierte, begleiteten.
Die Verfasser des Mahavatsu schreiben, in der Regel sollen die Mönche nur in religiösen Sachen die Führung gegenüber dem Volk übernehmen. Wenn aber die Religion und die Kultur der Singhalesen gefährdet sei, seien die Mönche auch in der Politik und anderen säkularen Bereichen aufgefordert, das Volk zu führen. Zur Begründung heißt es, dass der Buddha, nachdem er die Dämonen aus Sri Lanka vertrieben hatte, die Singhalesen, die zur arischen Rasse gehören, damit beauftragt habe, auf dieser heiligen Insel den Buddhismus in seiner reinen Form zu bewahren. Daher halten es die singhalesischen Mönche seit jeher für ihre Aufgabe, ihren buddhistischen Glauben gegenüber Angehörigen anderer Religionen zu verteidigen.

Das Mahavamsa enthält auch Ansichten, wonach die Draviden im Gegensatz zu den Ariern minderwertigere Menschen sind. Südindien ist traditionell von den Draviden bewohnt. Die heutigen Tamilen in Sri Lanka sind Nachkommen der Südinder, die irgendwann einmal nach Sri Lanka ausgewandert sind. Der Mahavamsa erzählt auch, dass die Singhalesen selbst Nachkommen des Königs Vijaya sind, der aus Nordindien kam, wo Inder arischer Herkunft wohnten bzw. wohnen. Betrachtet man diese Auffassung der buddhistischen Mönche und Laien in Sri Lanka, kommt man zu dem Ergebnis, dass diese die Meinung vertreten, das Gebot der Gewaltlosigkeit sei nicht in allen Lebenslagen bindend.

Wer nicht tötet, nicht töten lässt,
nicht unterdrückt, nicht unterdrücken lässt,
Liebe erzeigt allen Wesen,
Feindschaft (droht) ihm von niemandem.
Itivuttaka, Sutta 27

Das Royal Thai Monastery in Lumbini (Nepal) ist ein internationaler Treffpunkt. Das Bild zeigt einen Mönch mit einem deutschen Mitarbeiter einer nepalesischen Naturschutzorganisation im Jahr 2001.

V. Buddhismus im deutschen Kontext

Buddhismus in Deutschland

In Deutschland wurden Buddha und seine Lehre ab Mitte des 19. Jahrhunderts durch Übersetzung buddhistischer Texte bekannt. Auch die Philosophie Schopenhauers weckte in akademisch-künstlerischen Kreisen ein breites Interesse, wenn auch vornehmlich an den philosophisch-ethischen Lehraussagen. Nachdem schon in den 1880er Jahren einzelne »Bekenner« die buddhistische Weltsicht gepriesen und dem Christentum überlegen erklärt hatten, gründete Karl Seidenstücker (1876–1936) die erste buddhistische Organisation 1903 in Leipzig. Weitere Vereine und Gesellschaften folgten bis zum Ersten Weltkrieg.

Wurde der Buddhismus in der Frühzeit vornehmlich als Vernunftreligion angesehen, so ging es in den 1920er Jahren darum, die Lehre nicht nur denkerisch zu erfassen, sondern zu leben. Es entstanden buddhistische Gemeinden, nicht mehr vornehmlich intellektuell orientierte Gesellschaften. Am bedeutendsten wurden die Schulbildungen um Georg Grimm (1868–1945) in Süddeutschland und Paul Dahlke (1865–1928) in Berlin.

Nach der Herrschaft des Nationalsozialismus setzte in den ausgehenden 1940er Jahren der Wiederaufbau buddhistischen Lebens ein. Waren in den buddhistischen Gesellschaften und Gemeinden der ersten Hälfte des Jahrhunderts die am Mönchsideal ausgerichteten Lehren des Pali-Kanons rezipiert worden, kamen nun in den 1950er Jahren am Mahayana-Buddhismus interessierte Kreise und Gruppen hinzu. Insbesondere ab Mitte der 1960er Jahre kam ein großes Interesse an den Meditationsformen des japanischen Zen-Buddhismus auf. Die meditative Praxis wurde bestimmend für den Zugang zum Buddhismus, nicht mehr allein die denk-theoretische Aufnahme.

Der Aufschwungphase des Zen-Buddhismus während der 1970er Jahre folgte die Begeisterung für den tibetischen Buddhismus ab den 1980er Jahren. Besuchsreisen tibetischer Lamas ließen Gruppen und Zentren in vielen Städten der Bundesrepublik entstehen.

Martin Baumann

Im Jahr 2000 lebten in Deutschland schätzungsweise 115 200 asiatische und 50 000 deutsche Buddhisten.

Kloster Pagode Vien Giac

Das Kloster Vien Giac – vollkommene Erleuchtung – in Hannover, gegründet vom Abt Thich Nhu Dien, ist das größte buddhistische Zentrum der asiatischen Buddhisten in Deutschland. Nach der zeremoniellen Grundsteinlegung im Jahr 1989 feierte das Kloster im Jahr 1991 seine Einweihung. Das Kloster Vien Giac verrichtet tägliche sowie Anlasszeremonien, gibt Unterweisungen in der Lehre des Buddha und veranstaltet Seminare. Das Kloster ist auch ein kultureller Treffpunkt aller Vietnamesen in Deutschland, die hier ihre traditionellen Feste feiern. Die Höhepunkte des Jahres bilden drei Feste: das Tet-Fest (Neujahr), Vesakh (Geburtstag des Buddha) und Ullambana (Gedenken an Eltern und Ahnen). Fest im vietnamesischen Buddhismus

Klosterpagode Vien Giac in Hannover

❖ Welche Ideen und Haltungen könnten für Sie, für Ihr Leben in Deutschland erwägenswert und faszinierend sein?

verwurzelt zeigt sich das Kloster großzügig und bietet verschiedenen buddhistischen Richtungen ein Forum. Im Jahr 1995 hielt der vierzehnte Dalai Lama hier eine Predigt. Der Abt Thich Nhu Dien legt Wert auf interreligiösen Dialog und pflegt Kontakte mit Kirchen und anderen christlichen Einrichtungen. Die Geschichte und die Gegenwart des Klosters Vien Giac spiegelt die Tatsache wider, dass trotz der enormen Anpassung in Deutschland die asiatischen Buddhisten weiterhin in ihrer Tradition fest verwurzelt sind.

Unterschiedliche Auffassungen des Buddhismus

Die Bestrebungen Mitte der 80er Jahre, eine engere Zusammenarbeit zwischen den verschiedenen asiatischen und »westlichen« Buddhismustraditionen zu erreichen, scheiterten an der Gründung einer Körperschaft des öffentlichen Rechts. [...]
Ein nicht zu behebender Streitpunkt war, dass die Kongregation der Vereinigten Vietnamesischen Buddhistischen Kirche, Abteilung Deutschland e.V., den Vorschlag der DBU* ablehnte, eine einzige Institution aus den vierfach in Deutschland organisierten buddhistischen Gemeinschaften zu schaffen und auf diese Weise eine Gleichstellung aller herzustellen. [...]

** Deutsche Buddhistische Union mit Sitz in München*

Abgesehen von einigen sporadischen Ausnahmen besteht kaum eine Zusammenarbeit zwischen den Verbänden der deutschen und vietnamesischen Buddhisten. Diese Tatsache hängt auch nicht zuletzt mit den unterschiedlichen Kulturen und Mentalitäten beider Völker zusammen. Während für Vietnamesen eine hierarchische Struktur und eine deutliche Trennung zwischen Ordensleuten und Laien selbstverständlich ist, streben die deutschen Buddhisten eine Gleichstellung dieser beiden Personenkreise an. Für einen Asiaten ist der Unterschied zwischen Ordensleuten und Laien signifikant. Für ihn ist es selbstverständlich, dass man das Verhältnis von Meister zu Schüler nicht verwischt und dass der Sangha über den Laien steht und die Laien dem Sangha Ehrerbietung entgegenbringen müssen. Dies wirkt sich dementsprechend auch auf die religiöse Einstellung der vietnamesischen Buddhisten aus. Die Vietnamesen sind in der überwiegenden Mehrheit von Geburt an Buddhisten und leben daher auch ganz natürlich in und mit ihrer eigenen buddhistischen Tradition, welche nicht zuletzt auch die Formen ihrer Frömmigkeit prägt. Sie handeln nach der Überlieferung, die sie von ihren Ahnen geerbt haben. Die Europäer hingegen, darunter auch Deutsche, misstrauen seit der Periode der Säkularisierung ihrer Gesellschaft und insbesondere seit der Epoche der Industrialisierung jeglicher Tradition, die sich nicht vernünftig auszuweisen versteht. Für die Europäer ist nur das akzeptabel, was sich vernünftig zu rechtfertigen und legitimieren weiß. Bloßes Herkommen und Berufung auf die Vergangenheit kommen zwar auch vor, haben dennoch als Begründung oder Rechtfertigung kaum noch Geltung.
Auf lokaler Ebene intensivieren sich dagegen die Kontakte zwischen deutschen und vietnamesischen Buddhisten etwa seit Anfang der 90er Jahre. Hier ist vor allem die

Der Buddha auf dem Altar des Hauses der Religionen im Erlebnispark »Steinzeichen Steinbergen« in Rinteln OT Steinbergen

buddhistische Gemeinschaft »Chöling« zu erwähnen, die sich stärker der religiösen Praxis widmet. Über die regelmäßigen Besuche in der Pagode Vien Giac und die vermehrten Aktivitäten der deutschen Buddhisten innerhalb ihrer Räumlichkeiten hinaus kam es zu vermehrten Kontakten zwischen den Mitgliedern der Chöling-Gemeinschaft und den vietnamesischen Buddhisten. Die Deutschen sind durchaus daran interessiert, neben ihrer am tibetischen Buddhismus orientierten Praxis mehr von der vietnamesischen Tradition zu erfahren und an den vietnamesischen Zeremonien teilzunehmen.

Jedoch sind die Möglichkeiten einer Kooperation beider Gruppen aufgrund der bereits aufgeführten grundlegenden Schwierigkeiten und Kulturunterschiede eher beschränkt. Es liegen beispielsweise noch keine deutschen Übersetzungen und Erläuterungen zu den vietnamesischen Rezitationstexten vor, so dass Probleme bezüglich des Verständnisses der Sutrentexte noch nicht überwunden sind. Es müssten auf diesem Gebiet in naher Zukunft Maßnahmen unternommen werden, um der Gefahr einer völligen Trennung beider Gruppen vorzubeugen. *Loc Ho*

Deutsche Mönche in einer Klostersiedlung in Sri Lanka

Bahnreisende fahren von Colombo drei Stunden die Westküste entlang nach Süden bis Dodanduwa am Ratgama-See. Dort liegt für Besucher ein Boot bereit, denn Island Hermitage, die buddhistische Klostersiedlung auf der Kokosinsel Polgasduwa, ist nur über die Lagune zu erreichen. Am Landungssteg warten schlanke Gestalten, barfüßig, den Kopf kahlgeschoren, in orangegelber Mönchskutte. [...] Die Insel ist ganz vom Dschungel überwuchert, man taucht in dunkelgrüne, feuchtschwüle Dämmerung. Urwaldpfade führen zu kleinen Steinhütten, den Klausen der Mönche. Fünf mal fünf Meter misst der karg möbilierte Raum mit dem schmalen Asketenlager. Der weltliche Besitz eines Mönchs beschränkt sich auf Gegenstände des täglichen Bedarfs, mit denen sich auch der Buddha begnügte: dreifaches Gewand, Almosenschale und Arzneien für den Fall einer Krankheit.

Bei Sonnenaufgang, früh um sechs, ruft die Glocke zum Frühstück. Die Hauptmahlzeit, die auch die letzte des Tages ist, wird vor zwölf Uhr mittags eingenommen. Zum Reis gibt es Fisch und Gemüse, als Nachtisch Papayafrüchte, Ananas, Kokoswasser oder Tee. [...] Ganze Familien von Laienanhängern aus dem Dorf bringen »ihren« Mönchen dana (Almosenspeise). [...] Das Spenden von Nahrung und Gewand gilt als verdienstvolle Tat, wobei der Geber mehr Grund zur Dankbarkeit hat als der Empfangende.

Nach der schweigend eingenommenen Mahlzeit kehrt der Mönch in seine Dschungelklause zurück. Der Tag vergeht mit Lektüre buddhistischer Texte, Übersetzungen aus dem Pali oder Meditation. Es ist ein gezügeltes, sittenreines Leben nach den Ordensregeln, fern aller weltlichen Zerstreuung und Geselligkeit. Keine Schmerzenaskese ist das Ziel, keine Unterdrückung natürlicher Lebensansprüche. Vielmehr wird der freiwillige Verzicht auf die als vergänglich und daher leidvoll erkannten Sinnengenüsse von den Mönchen als beglückendes Abstreifen von Fesseln empfunden, das zu immer friedvollerer Freiheit des Geistes führt.

Gründer der Klostergemeinschaft war der deutsche Buddhist Nyanatiloka (Anton Gueth), der 1903 als erster Mönch europäischer Abstammung nach Ceylon kam. Fünfzig Jahre wirkte er auf Polgasduwa als unermüdlicher Förderer und weiser Mahathera (Ältester) aller Mönche, die aus westlichen Ländern den Weg zu ihm auf die Insel fanden.

Die deutschen Buddhisten verdanken Nyanatiloka meisterhafte Kommentarwerke und Übersetzungen aus dem Pali-Kanon, darunter »Visuddhimagga« (Der Reinheitspfad). Der Autor dieser [...] Darstellung des buddhistischen Lehrgebäudes war Buddhaghosa, der [...] im 5. Jahrhundert n. Chr. auf Ceylon lebte. In einer Höhle des heiligen Berges von Mihintale arbeitete er jahraus, jahrein an seinem Werk, bis die Palmblatt-Manuskripte zu Hügeln anwuchsen und er sich schließlich aus seiner Höhle herausschrieb.

Nyanatiloka starb 1957 in Colombo an den Folgen einer Operation. Er war einer der wenigen Mönche, die ein Staatsbegräbnis erhielten. *Curt Maronde*

Mönch Nyanaponika

Seit 1936 lebte der deutsche buddhstische Mönch Nyanaponika auf Ceylon. (Hier in seiner Einsiedelei im früheren Park der Könige von Kandy.) Er war Schüler und Nachfolger des bedeutenden deutschen Buddhisten Nyanatloka, in dessen Inselkloster an der Südwestküste er auch ordiniert wurde. Nyanaponika leitete die Buddhist Publication Society in Kandy, die englische Buchreihen in 70 Länder verschickt. Sein Handwerk heißt »Geistestraining durch Achtsamkeit.«

Glossar

Adi-Buddha m. wörtl.: der uranfängliche, ewige Buddha; der Adi-Buddha ist ein Konzept des Mahayana

Agrani m./f.: die Höchsten; Bezeichnung für die vier Vollkommenheiten des Buddha, nämlich Shila-Ethik, Samadhi-Meditation, Prajna-Wissen und Vimukti-Erleuchtung

Ahimsa f.: Gewaltlosigkeit

Anatma m. wörtl.: Nicht-Seele, Nicht-selbst; der Buddhismus glaubt nicht, dass hinter dem Körper und Geist eine unvergängliche Substanz existiert, die Atma–Seele, Selbst–genannt wird

Anitya m./f./n. wörtl.: Nicht-Unvergänglich; die Theorie des Anitya weist darauf hin, dass alles Wahrnehmbare unbeständig ist

Arhat m. wörtl.: Ehrwürdig, achtbar; Bezeichnung für Erleuchtete im Theravada

Arya ashtangika marga m. wört.: der edle achtfaltige Pfad; Buddhas Lehre, die zur Erleuchtung führt

Aryasatya n. wörtl.: die edle Wahrheit; die vier edlen Wahrheiten des Buddhismus; alles ist Leiden, der Ursprung des Leidens, es gibt ein Ende des Leidens und der von Buddha bestimmte Weg führt zur Erlöschung des Leidens

Bhikshu m. wörtl.: Bettelmönch; buddhistischer Mönch; **Bhikshuni** f.: buddhistische Bettelnonne

Bodhisattva m. wörtl.: jemand, dessen Wesen Erleuchtung ist; potenzielle Buddhas mit übernatürlichen Kräften, die für die Erlösung aller Lebewesen arbeiten. Die Bodhisattvas könnten sofort ins Nirvana eingehen, verzichten jedoch bereitwillig darauf, da sie zunächst die Befreiung aller Lebewesen bewirken wollen. An diese Bodhisattva-Theorie glaubt das Mahayana. Der Theravada benutzt den Begriff Bodhisattva nur für den historischen Buddha und zwar für den Zeitraum, bevor er die Erleuchtung erlangte.

Buddha m. wörtl.: jemand, der die Wahrheit erkannt, erfahren hat, der Erleuchtete; Bezeichnung für den historischen Buddha sowie für die transzendentalen Buddhas

Chinesischer Kanon der chinesische Kanon besteht aus drei Teilen und heißt San-ts'ang– drei Sammlungen– sowie Tats'ang Ching–große Sammlung der Schriften

Dharma m. wörtl.: gültiges standfestes Dogma, Naturgesetz, Phänomen; die Lehre des Buddha

Hinayana n. wörtl.: geringeres Fahrzeug, kleines Fahrzeug; vom Mahayana eingeführter und heute von vielen Nichtbuddhisten benutzter Begriff für den Theravada. Anhänger des Theravada finden im Wort Hinayana einen abwertenden Beiklang und benutzen es deshalb nicht

Dhyana n.: Meditation, Versenkung; ein wichtiger Bestandteil des Buddhismus

Karma n. wörtl.: Tat

Mahasanghika m. wörtl.: Teilnehmer/Angehöriger der großen Versammlung; während des zweiten Konzils des Ordens bildete sich eine große Gruppe, die mit einzelnen Bestimmungen und Auslegungen der Autorität nicht einverstanden war. Diese Gruppe hielt ein eigenes Konzil und nannte sich Mahasanghika. Die Mahasanghikas selbst galten weiterhin als Angehörige des Theravada, boten aber die Prämisse für neuere Entwicklungen. Aus den Mahasanghikas ist später das Mahayana entstanden.

Mahayana n. wörtl.: das große Fahrzeug; die Richtung des Buddhismus, die heute in China, Japan, Korea, Vietnam und dort, wohin der Buddhismus von den genannten Ländern exportiert wurde, praktiziert wird.

Nirvana n. wörtl.: Verlöschen, Auslöschen; Erlöschung des Leidens, das mit dem Kreislauf der Wiedergeburten verbunden ist; Nirvana ist die absolute Realität, die dem Gesetz von Ursache und Wirkung nicht unterworfen ist.

Pali f. wörtl.: Reihe, Linie, Kette; eine alte indische Sprache, in der der Kanon des Theravada verfasst worden ist

Param ita f. wörtl.: etwas, das zum anderen Ufer führt; die Perfektionen des Bodhisattvas: Freigebigkeit, Sittlichkeit, Geduld, Mut, Meditation, metaphysisches Wissen, geschickte Methoden, Gelübde, Kraft und Wissen

Pratityasamutpada m. wörtl.: Entstehung aufgrund einer Ursache; die Theorie des bedingten Entstehens

Sangha m. wörtl.: Menschenversammlung, große Gruppe von Menschen; der buddhistische Orden

Sanskrit m./f./n. wörtl.: jemand oder etwas, der/das gereinigt, vorbereitet, geschliffen ist; die alte indische Kultursprache

Shila n. wörtl.: Sittlichkeit, Moral; buddhistische ethische Gebote

Sthaviravada m. wörtl.: die Lehre der Ordensältesten; die orthodoxe Richtung, welche heute in Burma (Myanmar), Kambodscha, Laos, Sri Lanka, Thailand und Vietnam praktiziert wird

Tathagata m. wörtl.: der So-Gegangene, So-Angekommene, So-Dahingelangte: Bezeichnung für den historischen Buddha sowie für die transzententalen Buddhas

Theravada (Pali) m. wörtl.: die Lehre der Ordensältesten; siehe Sthaviravada

Tibetischer Kanon der tibetische Kanon besteht aus zwei Teilen, nämlich Kanjur (Bka'-'gyur) – Übersetzung der Wörter des Buddha – und Tanjur (Bstan-'gyur) – Übersetzung der Unterweisungen

Triratna n. wörtl.: drei Juwelen; die drei Aspekte des Buddhismus, nämlich der Buddha, die Lehre und der Orden. Die Buddhisten nehmen Zuflucht zu diesen drei Juwelen

Tripitaka n. wörtl.: drei Körbe, Bezeichnung für den Kanon des Theravada; dieser Kanon enthält drei Teile, nämlich das Vinaya-pitaka – die Sammlung der Mönchsdisziplin -, Sutta-pitaka – die Sammlung der Lehrreden - und Abhidhamma-pitaka – die Sammlung der höheren Lehre, d. h. der philosophischen Auslegung

Vajrayana n. wörtl.: Donnerschlag, Blitzstrahl, ein Diamant, der so stark ist wie der Donnerschlag; der tibetische Buddhismus, der auch in Bhutan, Nepal und einigen am Himalaya gelegenen indischen Bundesstaaten praktiziert wird.

Zen n. wörtl.: Meditation; die heute besonders in Japan verbreitete Richtung. Das japanische Wort Zen ist aus dem chinesischen Chan abgeleitet. Chan, das wiederum vom Sanskrit-Wort Dhyana – Meditation – abgeleitet ist, ist im 6. Jh. in China entstanden.